Ingeborg Düffert **Die schönsten Texte für das Weihnachtsfest**

Ingeborg Düffert

Die schönsten Texte für das Weihnachtsfest

Erprobt und stimmungsvoll

Urania

Zum Themenbereich bei Urania erschienen:

Sybil Gräfin Schönfeldt
Die schönsten Feste zu Hause feiern
ISBN 3-332-00633-9

Sybil Gräfin Schönfeldt
Feste und Bräuche durch das Jahr
ISBN 3-332-01026-3

Ingeborg Düffert
Alles Gute!
Der passende Vers zu jedem Geschenk
SBN 3-332-01028-X

Ingeborg Düffert
Kinderverse für Familienfeste
ISBN 3-332-01087-5

Ingeborg Düffert
Kleines Vortragsbuch für Familienfeste
ISBN 3-332-00532-4

Jutta Rintelen
Die schönsten Sprüche und Verse fürs Poesiealbum
ISBN 3-332-01086-7

Kerstin Weidlich-Huth
Wir feiern Hochzeit
ISBN 3-332-01027-1

Mechthild Aderholz
Der perfekte Hochzeitsplaner
ISBN 3-332-01085-9

Andrea Klein
So gelingt Ihre Hochzeitszeitung
ISBN 3-332-00531-6

Gertrud Teusen
Wir feiern Silberhochzeit
ISBN 3-332-01127-8

Die Autorin: Ingeborg Düffert moderiert seit vielen Jahren Feste und Veranstaltungen im norddeutschen Raum. Sie ist mit Gedichten, Liedern und Wortbeiträgen häufig im Fernsehsender N 3 zu Gast und hat im Urania Verlag schon drei erfolgreiche Ratgeber veröffentlicht.

Die Deutsche Bibliothek – CIP-Einheitsaufnahme
Ein Titeldatensatz für diese Publikation ist bei Der Deutschen Bibliothek erhältlich.

ISBN 3-332-01128-6

Die Schreibweise entspricht den Regeln der neuen Rechtschreibung.

Umschlaggestaltung: Behrend & Buchholz, Hamburg
Titelfoto: Reiner Grass, Hamburg
Illustrationen: Roland Beier, Berlin
Lektorat: Dr. Marianne Jabs
Gestaltung und Satz: Typographik & Design – Ingeburg Zoschke
Gedruckt auf alterungsbeständigem Papier mit chlorfrei gebleichtem Zellstoff
Druck: Westermann Druck Zwickau

04 03 02 01 00 5 4 3 2 1

Inhalt

Vorwort

Über alles, was Weihnachten ist der Brauch,
findest du hier schöne Verse und Prosa auch.
Du kannst einfach drin lesen jederzeit –
aber bitte, sei auch zum Vortrag bereit!
Mit all diesen Versen und Gedichten
Und, nicht zu vergessen, den Geschichten
hab ich selbst viele Menschen erfreut.
Darum war ich gern bereit,
das Beste davon zusammen zu tragen.
Du wirst dir und anderen Freude machen,
kannst sie zum Nachdenken bringen – oder zum Lachen!

Ingeborg Düffert

Wir begrüßen den Winter

November

Solchen Monat muss man loben:
Keiner kann wie dieser toben,
keiner so verdrießlich sein
und so ohne Sonnenschein!
Keiner so in Wolken maulen,
keiner so mit Sturmwind graulen!
Und wie nass er alles macht!
Ja, es ist ’ne wahre Pracht.

Seht das schöne Schlackerwetter!
Und die armen, welken Blätter,
wie sie tanzen in dem Wind
und so ganz verloren sind!
Wie der Sturm sie jagt und zwirbelt
und sie durcheinander wirbelt
und sie hetzt ohn’ Unterlass:
Ja, das ist Novemberspaß.

Und die Scheiben, wie sie rinnen!
Und die Wolken, wie sie spinnen
ihren feuchten Himmelstau
ur und ewig, trüb und grau!
Auf dem Dach die Regentropfen,
wie sie pochen, wie sie klopfen!
Schimmernd hängts an jedem Zweig,
einer dicken Träne gleich.

O wie ist der Mann zu loben,
der solch unvernünft'ges Toben
schon im Voraus hat bedacht
und die Häuser hohl gemacht!
Sodass wir im Trock'nen hausen
und mit stillvergnügtem Grausen
und in wohlgeborg'ner Ruh'
solchen Gräueln schauen zu.
Heinrich Seidel

Überlistet

Wenn Blätter von den Bäumen stürzen,
die Tage täglich sich verkürzen,
wenn Amsel, Drossel, Fink und Meisen
die Koffer packen und verreisen,
wenn all die Maden, Motten, Mücken,
die wir versäumten zu zerdrücken,
von selber sterben – so glaubt mir:
Es steht der Winter vor der Tür!

Ich lass ihn steh'n!
Ich spiel ihm einen Possen!
Ich hab die Tür verriegelt
und gut abgeschlossen!
Er kann nicht rein!
Ich hab ihn angeschmiert!
Nun steht der Winter vor der Tür – – –
und friert!
Heinz Erhardt

Wie wird das Wetter zum Weihnachtsfest?

Schalten wir vor Weihnachten die Wetterkarte ein,
stellt man auch gleich die Frage: Wie wirds Weihnachten sein?
Ob wir wohl Schnee bekommen?, hört man immer wieder fragen.
Doch auch Petrus kann uns das nicht sagen!
Fällt kein Schnee, redet er sich damit raus:
»Frau Holle schüttelt die Betten nicht aus.«
Hats geschneit, sind die Kinder ganz aus dem Haus
und holen sofort ihre Schlitten raus!

Altes Kaminstück

Draußen ziehen weiße Flocken
durch die Nacht, der Sturm ist laut.
Hier im Stübchen ist es trocken,
warm und einsam, stillvertraut.

Sinnend sitz ich auf dem Sessel
an dem knisternden Kamin.
Kochend summt der Wasserkessel
längst verklung'ne Melodien.

Und ein Kätzchen sitzt daneben,
wärmt die Pfötchen an der Glut.
Und die Flammen schweben, weben,
wundersam wird mir zumut.

Dämmernd kommt heraufgestiegen
Manche längst vergess'ne Zeit
wie mit bunten Maskenzügen
und verblich'ner Herrlichkeit.

Schöne Frau'n mit kluger Miene
winken süßgeheimnisvoll,
und dazwischen Harlekine
springen, lachen, lustigtoll.

Ferne grüßen Marmorgötter.
Traumhaft neben ihnen steh'n
Märchenblumen, deren Blätter
in dem Mondenlichte weh'n.

Wackelnd kommt herbeigeschwommen
manches alte Zauberschloss.
Hintendrein geritten kommen
blanke Ritter, Knappentross.

Und das alles zieht vorüber,
schattenhastig übereilt –
Ach, da kocht der Kessel über,
und das nasse Kätzchen heult.
Heinrich Heine

Der Winter

Der Winter ist ein rechter Mann,
kernfest und auf die Dauer.
Sein Fleisch fühlt sich wie Eisen an.
Er scheut nicht süß noch sauer.

Wenn Stein und Bein vor Frost zerbricht
und Teich' und Seen krachen:
Das klingt ihm gut, das hasst er nicht,
dann will er sich tot lachen.

Sein Schloss von Eis liegt ganz hinaus
beim Nordpol an dem Strande,
doch hat er auch ein Sommerhaus
im lieben Schweizerlande.

Da ist er denn bald dort, bald hier,
gut Regiment zu führen.
Und wenn er durchzieht, stehen wir
und seh'n ihn an und frieren
Matthias Claudius

Der Kachelofen

Es war einmal vor langer Zeit
ein schöner Kachelofen,
und ihm sei dieses Lied geweiht,
ein Lied mit vielen Strophen.

Von eines Töpfers Hand erbaut,
so krönte er das Zimmer,
und näher rückte man heran
beim hellen Kerzenschimmer.

Wenn draußen kalt der Ostwind pfiff,
dass es vor Kälte krachte,
dann saß man auf der Ofenbank,
erzählte, sang und lachte.

Ein Pfeifchen wurde hier geraucht
und Äpfel braun gebraten,
und Opapa erzählte stolz
von seinen Heldentaten.

Der Kachelofen ist nicht mehr,
er ist uns längst entschwunden,
mit ihm die gute alte Zeit
mit ihren Dämmerstunden.

Wenn heute kalt der Ostwind pfeift,
um uns zum Zorn zu reizen,
dann bleibt nur eins: nach Preußenart
von innen einzuheizen.

Winternacht

Verschneit liegt rings die ganze Welt.
Ich hab nichts, was mich freuet.
Verlassen steht der Baum im Feld,
hat längst sein Laub verstreuet.

Der Wind nur geht bei stiller Nacht
und rüttelt an dem Baume.
Da rührt er seinen Wipfel sacht
und redet wie im Traume.

Er träumt von
künft'ger Frühlingszeit,
von Grün und Quellenrauschen,
wo er im neuen Blütenkleid
zu Gottes Lob wird rauschen.
Joseph Freiherr von Eichendorff

Am 6. Dezember ist Nikolaustag

Ach, lieber guter Nikolaus,
komm doch einmal in unser Haus!
Hab so lang an dich gedacht!
Hast du mir was mitgebracht?

Morgen kommt der Nikolaus!

Auch zu singen nach der Melodie:
»Morgen kommt der Weihnachtsmann«

Kinder, schaut zum Fenster raus,
lasst euch überraschen!
Seht, dort kommt der Nikolaus.
Stellt mal eure Stiefel raus!
Bittet ihn in euer Haus!
Er bringt euch was zu naschen.

Niklaus trägt 'nen großen Sack,
schwer ist er beladen!
Putzt schnell eure Stiefel blank,
stellt sie auf die Fensterbank,
immer schön der Reih entlang!
Das kann bestimmt nicht schaden!

Ist der Niklausmorgen da,
heißt es früh aufstehen.
Jeder rennt dann wie der Wind
schnell zu seinem Stiefel hin.
Schaut, ob da was Schönes drin.
Gleich könnt ihr es sehen.

Dank dir, lieber Nikolaus,
für all die schönen Sachen.
Bitte schau bald wieder rein!
Alle Leut, ob groß, ob klein,
woll'n auch immer artig sein
und dir Freude machen.

St. Nikolaus' Ansprache an die Kinder

Liebe Kinder, jetzt müsst ihr die Nerven behalten
und Mitleid beweisen mit euren Alten,
weil sie zur Weihnachtszeit auf Erden
allesamt – nun ja – etwas wunderlich werden.

Zum Beispiel: Sie müssen euch einfach erpressen,
das ist nun mal immer zu Weihnachten so.
Du wünscht dir 'nen Walkman in Stereo?
Also bitte: dann auch den Spinat aufgegessen!

Da dürft ihr nur lächeln. Und bloß nicht fragen,
was sich die Mutter vielleicht dabei denkt.
Oder: Ob man Spinat seit neuesten Tagen
Auf NDR 2 empfängt?

Andererseits müsst ihr natürlich auch wissen,
dass euch eigentlich gar nichts passieren kann.
Die Erwachsenen wären doch aufgeschmissen
ohne Kinder – mit Christkind und Weihnachtsmann!

Die brauchen euch alle. Und zwar sogar die,
die sich über den Missbrauch des Festes erregen:
»Uns liegt nichts an Weihnachten, wissen Sie.
Wir feiern ja nur noch der Kinder wegen.«

Merkt ihr was? Wenn sie euch weismachen wollen,
ihr dürftet vorm Fest euch rein gar nichts mehr trau'n:
Stimmt gar nicht! Vor Weihnachten könnt ihr aus vollem
Herzen auf sämtliche Pauken hau'n!

Am besten ist: Nicht drüber nachzudenken,
was sie jetzt so erzählen. Sie sind ja zum Schrei'n.
Sie sagen: Ein Wahnsinn mit den vielen Geschenken!
Und kaufen die Sachen waggonweise ein.

Vernünftig ist kaum noch mit ihnen zu reden.
Sie droh'n euch und seh'n euch so merkwürdig an.
Aber dass sie euch eure Geschenke nicht geben
Heiligabend – na, da glauben sie doch selber nicht dran.

Kein Weltuntergang könnte sie daran hindern,
euch unterm Weihnachtsbaum strahlen zu seh'n.
»Man hat ja viel Ärger mit seinen Kindern,
aber Weihnachten ist es doch auch wieder schön!«

Liebe Kinder! Übt Nachsicht! Vor allen Dingen:
Betrachtet das Ganze als riesigen Spaß.
Vielleicht sogar mal ein Weihnachtslied singen?
Es gibt ja so Eltern – die brauchen das!

Und damit, ihr Kinder (und kindischen Leute),
beendet St. Nikolaus seinen Besuch.
Von der Erde zurück in den Himmel noch heute:
Einmal im Jahr – das ist mehr als genug.
Hans Scheibner

Nikolaus als Parksünder

Knecht Ruprecht hatte es satt, immer zu spät zu kommen.
Drum hatte er sich in diesem Jahr ganz spontan vorgenommen,
sich ein kleines Auto zu kaufen.
Er konnte und mochte nicht mehr so viel laufen!
Wer die weiten Wege zu den Kindern bedenkt,
hätt dem armen Knecht Ruprecht sein Auto geschenkt!

In kurzer Zeit war es dann auch soweit.
Ein Auto stand für den Nikolaus bereit!
Mit dem Lenken kam er auch gleich klar.
Schwierig für ihn nur das Parken war!
Und wie's so kommt, am 6. Dezember ist es geschehen:
Ein Ordnungshüter hatte sein Auto gesehen.
Es stand schon zu lange im Halteverbot.
Das war gesetzeswidrig – der Schutzmann sah rot!
»Hallo – ja, Sie, so kann das nicht geh'n!
Haben Sie nicht das Parkverbotsschild geseh'n?«
»Das hab ich,« sprach Ruprecht, »doch – überhaupt
ist nicht Be- und Entladen hier erlaubt?
Und eigentlich sollte die Polizei doch wissen,
dass Nikoläuse immer viele Säcke tragen müssen!«

Noch hatte der Polizist den Parksünder nicht erkannt.
Der hatte ihm ja auch seinen Namen nicht genannt!
Doch nun sah er seinen weißen Bart. – Da fiel ihm ein,
das könnte nur der Nikolaus sein!
Da wurde der Schutzmann ängstlich wie ein Kind
und sprach zaghaft und ehrfürchtig geschwind:
»Eigentlich müßte ich einen Strafzettel schreiben.
Aber für dich lass ich das gern bleiben.
Denn heut, lieber Nikolaus, ist doch dein Tag!

Und weil keiner auf dich warten mag -
spute dich! – Gib Gas! – Doch steck deine Rute ein!
Auch Schutzleute wollen heut artig sein!«

Eine wichtige Frage

Wie oft schon fragten am Nikolaustag die Kinder ihren Herrn Papa: »Gibt es eigentlich nur einen Nikolaus, der alle Kinder auf der Welt bescheren muss? Das kann er doch gar nicht ganz alleine schaffen!«

Nun, was sollte der Papa antworten?

Für ihn gabs eine ganze andere Frage, nämlich: »Wie lautet eigentlich die Mehrzahl von Nikolaus?«

Heißt es nun Nikolaus oder Nikoläuse? In keinem Lexikon hat er bisher eine Antwort gefunden.

In diesem Jahr wollte er es aber wissen! Er glaubte, eine Lösung gefunden zu haben. In einem Süßwarengeschäft verlangte er zunächst einen Nikolaus aus Schokolade. Gleich verlangte er noch einen zweiten und für den Betrag eine Quittung. Nun war er gespannt, was die Verkäuferin wohl geschrieben hatte.

Zu Hause angekommen entfaltete er sofort das wichtige Dokument. – Und was musste er lesen? »Zwei Schokoladen-Weihnachtsmänner«!

So eine Enttäuschung! Die ganze Familie amüsierte sich köstlich! Nun wusste er immer noch nicht, ob es Nikolaus oder Nikoläuse heißt.

Wisst ihr es??

Diese kleine Geschichte wird bei uns immer noch am Nikolaustag erzählt!

Knecht Ruprecht, lieber Gast!
Hast du mir was mitgebracht?
Hast du was, dann setz dich nieder.
Hast du nichts, dann geh man wieder.

Holler, Boller, Rumpelsack,
Ruprecht trug sie huckepack,
Weihnachtsnüsse gelb und braun,
runzlig, punzlig anzuschaun.
Knackt die Schale, springt der Kern,
Weihnachtsnüsse ess ich gern.
Komm bald wieder in dies Haus,
guter lieber Nikolaus

Nikolaus, ich will artig sein.
Leg mir was auf mein Tellerlein.
Äpfel, Nüsse, eins, zwei, drei,
und ein Püppchen auch dabei.

Lieber guter Nikolaus,
zieh doch deine Kleider aus.
Wenn ich wüsste, wer du bist,
hätt ich dich schon längst geküßt.

Wenn die Glocke sieben schlägt,
kommt der Nikolaus angefegt
mit dem großen Besenstiel,
haut die Kinder gar zu viel.

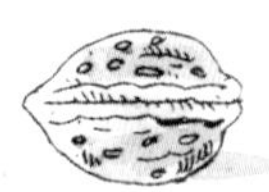

Nikolaus' Bitte an die Kinder

Für euch bin ich der »liebe Nikolaus«,
der Jahr für Jahr – von Haus zu Haus -
gern beschenkt viele liebe Kinder.
Meist sind sie brav, doch auch mal kleine Sünder.
Für alle habe ich immer ein großes Herz,
doch empfinde ich manchmal auch Schmerz,
wenn ich höre, dass ihr anderen Leid zufügt,
auch mal unehrlich seid – oder gar lügt.
Warum macht ihr das? – Ich kann es nicht fassen!
Könnt ihr diese Unarten nicht unterlassen?
Wär es nicht schön, wenn Alle lieb zueinander sind?
Dann freuen sich nicht die Großen und jedes Kind?
Denn – auch Freude verschenken ist so schön!
Versucht es doch mal – und dann werdet ihr seh'n
wie glücklich und zufrieden man selbst kann sein,
wenn alle Menschen um uns sich mit uns freu'n.
Und – bitte, seid auch zufrieden mit kleinen Gaben!
Kinder müssen nicht immer alles haben.
Manche Eltern haben nun mal nicht so viel Geld.
Große Geschenke sind doch nicht alles auf der Welt!
Viel wichtiger ist es, Liebe zu verschenken!
Wer sie empfängt und verteilt, braucht an nichts anderes mehr zu denken.

Im Kindergarten

Der Nikolaus besucht einen Kindergarten,
wo die Kleinen ihn schon lange erwarten.
Er spricht: »Ich habe mich sehr auf euch gefreut,
denn ich weiß, dass ihr alle artig seid!
Ich habe auch schon durchs Fenster gesehn:
Bei euch ist alles bunt und schön,
geschmückt für den Weihnachtsmann.
Da hab auch ich meine Freude dran.
Drum habe ich auch an euch gedacht
und viele schöne Dinge mitgebracht.
Hiermit könnt ihr basteln und schreiben
und euch gerade jetzt die Zeit vertreiben.
Halt! – Hier ist noch einen Zettel, darauf
steht zu lesen,
dass ihr nicht alle seid artig gewesen!
Was soll ich nun mit denen machen?
Wo bleib ich denn mit den vielen Sachen?
Würdet ihr etwas davon armen Kindern geben?
Solchen, für die es noch nie in ihrem Leben
zu Weihnachten Geschenke gab?

Es wäre lieb, gäbet ihr ihnen was ab.
Versprecht ihr es? Dann will ich mal nicht so sein,
dann langt auch ihr in den Sack hinein.
Doch bevor ich geh, müsst ihr ein Lied noch singen.
Bestimmt werd ich dann auch im nächsten Jahr was bringen.

Wie man dem Nikolaus am besten um den Bart geht

Nikolaus, du guter Mann,
hast einen schönen Mantel an.
Die Knöpfe sind so blank geputzt,
dein weißer Bart ist gut gestutzt.
Die Stiefel sind so blitzeblank,
die Zipfelmütze rot und lang,
die Augenbrauen sind so dicht,
so lieb und gut ist dein Gesicht.
Du kamst den weiten Weg von fern,
und deine Hände geben gern.
Du weißt, wie alle Kinder sind.
Ich glaub, ich war ein braves Kind.
Sonst wärst du ja nicht hier
und kämest nicht zu mir.
Du musst dich sicher plagen,
den schweren Sack zu tragen.
Drum, lieber Nikolaus,
pack ihn doch einfach aus!

Herr Nikolaus, Herr Nikolaus,
bring mir zum 6. Dezember was!
Ich stell des Vaters Schuh vors Fenster,
denn meinen fand ich viel zu klein.
Bitte, lieber Nikolaus, tu mir was rein!

Ein mutiger Bub spricht mit dem Nikolaus

Du glaubst vielleicht, ich fürchte mich
und würd vor Angst gleich beben?
Nein, Nikolaus, so ist das nicht,
das wirst du nie erleben.
Ich war nicht frech, doch auch nicht brav,
ich steh so in der Mitten,
und bin als lieber netter Sohn
bei allen wohlgelitten.
Bruno H. Bull

Knecht Ruprecht

Von drauß', vom Walde, komm ich her,
ich muss euch sagen: Es weihnachtet sehr!
Allüberall auf den Tannenspitzen
sah ich goldene Lichtlein sitzen,
und droben aus dem Himmelstor
sah mit großen Augen das Christkind hervor.
Und wie ich so stolcht durch den finst'ren Tann,
da riefs mich mit heller Stimme an:
»Knecht Ruprecht!«, rief es, »alter Gesell,
hebe die Beine und spute dich schnell!
Die Kerzen fangen zu brennen an,
das Himmelstor ist aufgetan –
Alt' und Junge sollen nun
von der Jagd des Lebens einmal ruh'n,
und morgen flieg ich hinab zur Erden,
denn es soll wieder Weihnachten werden!«
Ich sprach: »O lieber Herre Christ,
meine Reise fast zu Ende ist.

Ich soll nur noch in diese Stadt,
wo's eitel gute Kinder hat.«
»Hast denn das Säcklein auch bei dir?«
Ich sprach: »Das Säcklein, das ist hier,
denn Äpfel, Nuss und Mandelkern
essen fromme Kinder gern.«
»Hast denn die Rute auch bei dir?«!
Ich sprach: »Die Rute, die ist hier:
Doch für die Kinder nur, die schlechten,
die trifft sie auf den Teil, den rechten.«
Christkindlein sprach: »So ist es recht,
so geh mit Gott, mein treuer Knecht!«

Von drauß', vom Walde, komm ich her,
ich muss euch sagen: Es weihnachtet sehr!
Nun sprecht, wie ichs hierinnen find:
Sinds gute Kind? Sinds böse Kind?
Theodor Storm

Die stille Zeit: Advent

Die Vorfreude beginnt mit dem ersten Advent,
wenn das erste Licht am Adventskranz brennt.
Es führt uns die Weihnachtszeit ins Herz.
Es lässt vergessen Kummer und Schmerz!
Vergessen ist auch das Hetzen und Jagen.
Alles Schwere lässt sich jetzt leichter ertragen.
Die Vorbereitungen fangen an.
Die Kinder freu'n sich auf den Weihnachtsmann!

Was fällt Ihnen ein, wenn Sie an Weihnachten denken?

Mit dieser Frage beginne ich – nach der offiziellen Begrüßung – meine Zuhörer gerne bei einer Weihnachtsfeier. Es kommt besonders gut an!

Weihnachten – die Zeit der Besinnung.
Die Zeit zum Nachdenken.

Was fällt uns ein, wenn wir an Weihnachten denken?
Insbesondere natürlich das »Schenken«.

Geschenkt wird gern, das ist wohl richtig!
Aber – über viele Dinge nachdenken ist genauso wichtig!

Über das, was jedes Menschen Herz berührt, gibt es so viel zu sagen.
Als Autorin und Lebensberaterin möchte ich es darum wagen,

meine eigenen Erfahrungen niederzuschreiben,
in der Hoffnung, dass einige bei den Lesern haften bleiben.
Sei in der seligen Weihnachtszeit
zum Geben und Helfen immer bereit!

Viele Menschen sind von Einsamkeit
Überschattet, grad in der Weihnachtszeit.

Geh auf sie zu und nimm ihnen das Gefühl.
Lad sie zum Fest mal ein, vielleicht auch mal zum Spiel!

Werden deine Erinnerungen einmal wach
in einer kalten Winternacht:

Such dir davon die schönsten raus,
die anderen streich aus dem Gedächtnis aus!

Wenn du glaubst, die ganze Welt habe sich gegen dich verschworen,
glaub an dich und gute Freunde, dann ist nichts verloren!

Advent

Wenn bald das Jahr zu Ende geht,
die Sonne schräg zur Erde steht,
im Haus die erste Kerze brennt,
dann ists so weit, dann ist Advent!

Wenn auf das Land vom Himmelszelt
der erste Schnee hernieder fällt,
das Reh zur Futterkrippe drängt,
dann ists so weit, dann ist Advent!

Wenn Kinder singen hell und rein
vom Weihnachtsmann und Engelein,
die Mutter Plätzchen backt behänd,
dann ists so weit, dann ist Advent!

Advent, du wunderschöne Zeit,
hältst so viel Fröhlichkeit bereit.
Du führst die Menschen mit Bedacht
Zur schönsten hin, zur heil'gen Nacht.

Advent

Advent, sagt man, sei die stillste Zeit im Jahr. Aber in meinem Bubenalter war es keineswegs die stillste Zeit. In diesen Wochen lief die Mutter mit hochroten Wangen herum, wie mit Sprengpulver geladen, und die Luft in der Küche war sozusagen geschwängert mit Ohrfeigen. Dabei roch die Mutter so unbeschreiblich gut, überhaupt ist ja der Advent die Zeit der köstlichen Gerüche. Es duftet nach Wachslichtern, nach angesengtem Reisig, nach Weihrauch und Bratäpfeln. Ich sage ja nichts gegen Lavendel und Rosenwasser, aber Vanille riecht doch eigentlich viel besser, oder Zimt und Mandeln.
Mich ereilten dann die qualvollen Stunden des Teigrührens. Vier Vaterunser das Fett, drei die Eier, ein ganzer Rosenkranz für Zucker und Mehl. Die Mutter hatte die Gewohnheit, alles Zeitliche in ihrer Kochkunst nach Vaterunsern zu bemessen, aber die mussten laut und sorgfältig gebetet werden, damit ich keine Gelegenheit fände, den Finger in den köstlichen Teig zu tauchen. Wenn ich nur erst den Bubenstrümpfen entwachsen wäre, schwor ich mir damals, dann wollte ich eine ganze Schüssel voll Kuchenteig aufessen, und die Köchin sollte beim geheizten Ofen stehen und mir dabei zuschauen müssen! Aber leider, das ist einer von den Knabenträumen geblieben, die sich nie erfüllt haben.
Am Abend nach dem Essen wurde der Schmuck für den Christbaum erzeugt. Auch das war ein unheilschwangeres Geschäft. Damals konnte man noch ein Buch echten Blattgoldes für ein paar Kreuzer beim Krämer kaufen. Aber nun galt es, Nüsse in Leimwasser zu tauchen und ein hauchdünnes Goldhäubchen herumzublasen. Das Schwierige bei der Sache war, dass man sonst nirgendwo Luft von sich geben durfte. Wir saßen alle in der Runde und liefen blaurot an vor Atemnot, und dann geschah es eben doch, dass plötzlich jemand niesen musste. Im gleichen Augenblick segelte eine Wolke von glänzenden Schmetterlingen durch die Stube. Ei-

nerlei, wer den Zauber verschuldet hatte, das Kopfstück bekam jedenfalls wieder ich, obwohl das nur bewirkte, dass sich der goldene Unsegen von neuem in die Lüfte hob. Ich wurde dann in die Schlafkammer verbannt und musste Silberpapier um Lebkuchen wickeln – um gezählte Lebkuchen.

Für mich begann in der Kindheit der Advent damit, dass mich die Mutter eines Morgens weit früher als sonst aus dem Bett holte. Der Mesner läutete immer schon die Viertelglocke, wenn ich endlich halb im Traum zur Kirche stolperte. Nirgends ein Licht in der bitter kalten Finsternis, und oft musste ich mich mit Händen und Füßen durch den tiefen Schnee wühlen, es war ja noch kein Mensch vor mir unterwegs gewesen. In der Sakristei kniete der Mesner vor dem Ofen und blies in die Glut, damit wenigstens das Weihwasser im Kessel auftaute. Aber mir blieb ja keine Zeit, die Finger zu wärmen, der Pfarrer wartete schon, dass ich in meine Albe schlöffe und ihm mit der Schelle voranginge. Bitterkalt war es auch in der Kirche. Die Kerzenflammen am Altar standen reglos wie gefroren, und nur wenn sich die Tür öffnete und Wind und Schnee herein fuhren, zuckten die Lichter erschreckt zusammen. Die Kirchleute drückten das Tor eilig wieder zu, sie rumpelten schwerfällig in die Bänke, und dann klebten sie ihre Adventskerze vor sich auf das Pult und falteten die Hände um das wärmende Licht. Indessen schleppte ich das Messbuch hin und her und läutete zur passenden Zeit, und wenn ich einmal länger zu knien hatte, schlief ich wohl auch wieder ein. Dann räusperte sich der Pfarrer vernehmlich, um mich aufzu-

wecken. Ihn allein focht kein Ungemach an. »Rorate coeli«, betete er laut und inbrünstig, »tauet, Himmel, den Gerechten«. Und dann war doch alles wieder herzbewegend schön und feierlich, der dämmerige Glanz im Kirchenschiff, der weiße Atemdampf vor den Mündern der Leute, wenn sie dem Pfarrer antworteten, und er selbst, unbeirrbar in der Würde des guten Hirten. Nachher standen wir zu dritt hinterm Ofen in der Sakristei. Der Mesner schüttelte die eiserne Pfanne und hob den Deckel ab und speiste uns alle mit gebratenen Kastanien. Ich hüpfte von einem Fuß auf den anderen, und auch der Pfarrer rollte die heißen Kugeln eine Weile im Mund hin und her. Es war vielleicht keine Sünde, wenn ich nebenbei flink voraus berechnete, wie lange es wohl noch dauerte, bis er mir zu Weihnacht meinen Lohn in die Hand drücken würde, einen ganzen Gulden.

Zu Anfang Dezember, in den unheimlichen Tagen, während Sankt Nikolaus mit dem Klaufbauf unterwegs war, wurde ich in den Wald geschickt, um den Christbaum zu holen. Mit Axt und Säge zog ich aus, von der Mutter bis zum Hals in Wolle gewickelt und mit einem geweihten Pfennig versehen, damit mich ein heiliger Nothelfer finden konnte, wenn ich mich etwa verirrte. Ein Wunder von einem Baum stand mir vor Augen, mannshoch und sehr dicht beastet, denn er sollte nachher ja auch viel tragen können. Stundenlang kroch ich im Unterholz herum, aber ein Baum im Wald sieht ganz anders an als einer in der Stube. Wenn ich meine Beute endlich daheim in die Waschküche schleppte, hatte sich das schlanke, pfeilgerade Stämmchen doch wieder in ein krummes und kümmerliches Gewächs verwandelt, auch der Vater betrachtete es mit Sorge. Er musste seine ganze Zimmermannskunst aufwenden, um das Ärgste zurechtzubiegen, ehe uns die Mutter dazwischen kam.

Karl Heinrich Waggerl

Der erste Advent

Die Glocken läuten zum heil'gen Advent.
Das erste Licht am Tannenkranz brennt,
die ersten Äpfel im Ofen sind gar,
das erste Märchen von Weihnacht wird wahr.
Die ersten Wünsche sind schon erfüllt.
Manche Neugier ist gestillt.
Der erste Engel geht schon durchs Haus
und teilt die schönsten Gaben aus.
Die Kinder harren verzaubert und steh'n,
das erste brennende Kerzchen zu sehn.
Das erste selige Weihnachtsglück
erfüllt die Herzen im Augenblick.

Advent – der sel'gen Erwartung Zeit.
Wir steh'n am Tor der Herrlichkeit.
Wir schauen dann von Angesicht
der kommenden Weihnacht Licht!

Weihnachten – das Fest der Liebe?

Weihnachten – so heißt es – ist das Fest der Liebe!
Ein Fest ganz ohne Zank und Streit?
Schön wärs, wenn es immer so bliebe
wie einst zu unserer Kinderzeit!

Doch – halt! Bei uns wars auch nicht immer friedlich.
Das sollten wir mal eingesteh'n.
Wir Kinder waren doch auch nicht nur niedlich.
Wir war'n auch mal frech – oft nicht auszusteh'n!

Mal ehrlich, nicht nur Kinder streiten.
Die Erwachsenen können das auch ganz schön!
Oft geht es nur um Kleinigkeiten.
Und grad darum ist es nicht zu versteh'n!

Mal gehts ums Abtrocknen oder Spülen,
falls keine Maschine da!
Dann ist keine Einigkeit zu erzielen
Keiner hat Lust auf den Abwasch, das ist doch klar!

Auch um das Einkaufengeh'n
gibt es immer häufig Streit.
Und dabei ist Einkaufen doch schön.
Ich hab dafür eigentlich immer Zeit!

Ums Geld gibt es wohl am häufigsten Krach.
Das ist und das war immer so.
Beim Schaufensterbummel wird jeder mal schwach.
Geht es dir nicht ebenso?

Trinkt Papa mal im Wirtshaus einige Biere,
o je – dann kann es passieren,
dass Mama steht mit dem Nudelholz hinter der Türe!
Gleich wird sie explodieren!

Ein weiteres großes Streitobjekt
ist das lange Telefonieren.
Kommt dann die Rechnung – ach, du Schreck! –,
will keiner sie akzeptieren.

Das Fernsehen ist sogar
wegen der vielen Umschalterei
für manche Familien eine Gefahr.
Ewig gibt es darum Zankerei.

Ja, man könnte noch viele Streitobjekte nennen,
doch weil jeder glaubt, er habe zu sagen,
und keiner will sich schuldig bekennen,
müssen wir diese Unstimmigkeiten ertragen.

Doch in der friedlichen Weihnachtszeit
sollten wir toleranter sein.
Wenn wir sind zum Verzeihen bereit,
können wir uns zusammen auch freu'n!

Gedanken zur abendlichen Lichterstunde

Wenn Dunkelheit die Sonne Tag für Tag verdrängt,
dann zünden wir abends die Lichter an.
Grad wenn sich der Abend niedersenkt,
erscheint uns alles wohlgetan.
Es wechselt die Dunkelheit mit dem Licht
wie der Tag mit der Nacht.
Die dunklen, schweren Tage spüren wir nicht,
weil unser kleines Licht so froh uns macht!
Und dann, nach einem fröhlichen Erwachen
sollten wir keinesfalls ruh'n.
Wir sollten uns dann Gedanken machen:
Wie und wo kannst du Gutes tun?
Oft genügen ein paar liebe Zeilen oder einige Minuten Zeit
für einen kurzen Besuch und ein paar liebe Worte
an diesem oder an jenem Orte –
aber bitte nicht nur in der Weihnachtszeit!

Horch – wie es klingt

Hörst du der Weihnachtsglocken Klang?
Hörst du den lieblichen Gesang,
der in dieser heiligen Nacht
in der ganzen Welt erwacht?

Es ist der Engel Chor, der singt.
Hörst du, wie herrlich es klingt?
Hörst du auch das leise Knistern
und das heimliche Flüstern?

Und spürst du, wie wundervoll die Kerzen
erwärmen unsere Herzen?
Siehst du die Sternschnuppe, die vom Himmel fällt
und leuchtend die dunkle Nacht erhellt?

Sie will uns verkünden: Es ist soweit,
es beginnt die schöne Weihnachtszeit!
Es ist die Zeit, uns zu besinnen,
die Herzen der Menschen zu gewinnen.

Wie schnell vorbei geht die schöne Zeit,
wo jeder ist von Herzen bereit,
mit Liebe und Bedacht zu geben.
Sollten wir nicht immer danach streben?

Weihnachten naht – das Fest der Besinnung

Zünde die Lichter an! Besinne dich, dass sich überall auf der Welt Menschen nach Frieden sehnen. Nach Liebe und nach mehr Menschlichkeit.
Liebe die Menschen, dann wird man auch dich lieben.
Vergiss nie, dass viele Menschen in Not sind und dich brauchen.
Liebe, die du verschenkst, kehrt in dein eigenes Herz zurück.
Liebe kann so glücklich machen, wenn sie dein Herz berührt.

Sei nicht nur zum Weihnachtsfest bereit, zu geben und zu nehmen.
Schenke im ganzen Jahr deinen Lieben und allen Menschen deine Aufmerksamkeit!
Vielleicht findest du dann auch Freunde fürs ganze Leben!
Freunde, die dir mehr geben könnten als das schönste Weihnachtsgeschenk!
Geschenke der Liebe kommen zurück zu dir!

Schenken und Geschenke

Und ist dieses Päckchen auch klein,
ich denke, es wird dich von Herzen erfreu'n!

Schenken – mit Herz und Überlegung

Schenke mit Liebe und Überlegung.
Schenke mit Freude und Phantasie.
Andere möchten spüren, dass du dir Mühe gegeben. Dass du selbst auch Freude gespürt.
Zeige beim Schenken Einfühlungsvermögen. Zeige Takt, protze nicht mit deinem Geld! Das sollte man gerade bei Kindern bedenken. Protzige Geschenke beschämen sie!
Vergiss nicht, dass Kinder auch selbst gern schenken, besonders etwas, das sie selbst gebastelt haben. Sollten sie deine Hilfe brauchen, nimm dir dafür Zeit.

Schenke nie nach einem Terminkalender. Schenke dann, wenn du grad Freude verspürst.
Leider ist es oft nur ein Geschenkeaustausch. Oft nur Höflichkeit, ohne Überlegung und Herz!

Es gibt Menschen, die können keine Freude zeigen.
Sie vergessen darum auch oft den Dank.
Andere wiederum – können einfach nicht schenken.
Sie schämen sich dafür sogar!
Geschenke, die man selbst gefertigt hat, erfreuen ganz besonders das Herz. Sie sind wertvoller als alles Gekaufte und kosten dazu noch weniger Geld!
Geschenke mit bleibendem Wert sind immer gut! Zum Beispiel Briefmarken oder Münzen.
Lass dir also etwas einfallen und gib acht, dass du das passende Geschenk auch findest, etwas, dass dem Beschenkten echt Freude macht.

Besonders beliebt ist das heimliche Schenken bei Kindern, aber auch bei Erwachsenen. Darum – vor dem Fest nicht in Schränken herumwühlen! Solltest du etwas erfahren, dann stell dich ahnungslos. Es nimmt sonst die ganze Vorfreude zur Weihnachtszeit.

Übrigens – es ist doch eigenartig: Das, was man verschenkt, möchte man am liebsten selbst behalten!
Beweist es nicht einen guten Geschmack?
Eine Gewissensfrage noch: Magst du gerne tauschen?
Dann mach es so wie ein Ehemann: Er schenkte seiner Frau zum Fest einen Fußball. Als sie sich beschweren wollte, sagte er: »Es ist doch einerlei! Du tauschst ja doch alles um!«

Weihnachtseinkäufe

Ein jeder es hinreichend kennt:
Am ersten Samstag im Advent
pflegt schlagartig ein Hasten, Hetzen
in allen Städten einzusetzen.
Da strömen ganze Menschenmassen
durch weihnachtlich geschmückte Straßen
und eilen, jagen, rennen, laufen,
um für das Fest noch einzukaufen.
Es ist, als sei in diesen Wochen
'ne wahre Kaufwut ausgebrochen,
und – unbestritten – auch wir lassen
uns jedes Jahr hiervon erfassen.

In überfüllten Kaufhausgängen,
da drängen sich die Menschenmengen,
und weil man anders im Gewühle
nicht kommt zu seinem Einkaufsziele,
muss ebenfalls man sich nun üben
im Stoßen, Schubsen, Drängeln, Schieben!

Alsdann der Einkauf! Nun, wir müssen
es doch vom vorigen Jahr noch wissen:
Bei derartigen Unternehmen
gibts eine Reihe von Problemen,
besonders dann, wenn diese Gaben
für Leute sind, die alles haben.

Was schenkt man also den Verwandten,
den lieben Freunden und Bekannten?
Des Schenkens eigentlicher Sinn
ist sowieso ja schon dahin!
Fürwahr, es ist schon ein Dilemma
mit Tante Lisbeth, Tante Emma
und auch dem guten Onkel Heinrich
– der immer großzügig, nie kleinlich –:
Da kann man sich gewissermaßen
doch auch nicht gerade lumpen lassen!

Es stimmt, das Ganze ist beschwerlich.
Am einfachsten wär es natürlich,
wenn die, die etwas kriegen sollen,
genau uns sagen, was sie wollen.
Zum Beispiel, wie bei den Zigarren
für Großpapa. Bereits seit Jahren
raucht er ’ne ganz bestimmte Sorte,
sodass es kaum bedarf der Worte
und wir uns nicht mehr, wenn wir kaufen,
den Kopf noch zu zerbrechen brauchen.
Zu Schwierigkeiten kommt es aber,
wenn das Gewünschte nicht auf Lager.
Man kauft dann etwas, was sehr ähnlich.
Man möchte fertig werden nämlich!
Obwohls natürlich wär das Beste,
zu warten doch bis nach dem Feste.

Das zweifellos mit viel Problemen
belad’ne Einkaufsunternehmen
bleibt einigermaßen in den Bahnen,
wenn wir das Ganze richtig planen
und uns von all den vielen Dingen
nicht lassen durcheinander bringen.

In diesem Sinne zu verfahren
Nimmt man sich vor nun schon seit Jahren.
Doch wenn wir dann etwas erblicken,
das uns versetzet in Entzücken,
dann möchten wir spontan es kaufen
und werfen alles übern Haufen.

Du liebe Güte! Diese Bluse,
das wär doch was für uns're Suse!
Der weiche Stoff, die zarten Spitzen,
die Rüschen und die feinen Litzen –
man kann sich gar nicht satt dran sehen
und will das Stück sofort erstehen.
Doch sollte man sich hierbei fragen:
»Wird uns're Tochter das auch tragen?«

Wenn auch im Großen und im Ganzen
die abgeschabten Jeans mit Fransen
samt Anoraks in tristen Farben
die große Zeit gehabt nun haben,
so damit doch noch nicht gesagt ist,
dass jetzt das Gegenteil gefragt ist.
Uns bleibt nichts and'res als zu hoffen,
dass wir die richtige Wahl getroffen.

Wenn wir verlassen die Geschäfte,
sind wir am Ende uns'rer Kräfte.
Man kommt ja kaum noch zur Besinnung,
wo ist sie denn, die Weihnachtsstimmung?!
Man selbst und 's Portmonee sind leer –
wenn bloß erst Heiligabend wär!

Die Weihnachtstage schnell verrauschen.
Und dann beginnt: das große Tauschen!
Brunhilde Schuckart

Was schenkt man Oma Reimer zu Weihnachten?

Mit schöner Regelmäßigkeit
muss man sich zur Weihnachtszeit
wochenlang das Hirn verrenken:
Großer Gott, was soll man Oma schenken?

Warme Unterwäsche, zuckt es jäh
durch den Geist dir. Traurige Idee!
Schlüpfer von der Achsel bis zum Knie:
Keine Oma hat so viel wie sie.
Denn es hat sie stets bewegt,
dass der Mensch was Wollnes trägt.
»Warme Sachen, die von unten schützen,
kann man nie genug besitzen.«

Doch wie wärs mit einem schönen Schal?
Sehr gut, denkst du. Aber warte mal:
Niemals sah ein Mensch sein Leben lang
eine Oma mit mehr Schals im Schrank.
Denn fast jeder schenkt ihr Schals.
Und sie sorgt auch selbst für ihren Hals.
»Kühler Kopf und warme Mandeln,
das«, sagt Oma, »nenn ich weise handeln.«

Handschuhe fallen dir jetzt ein.
Doch das dürfte auch nichts Neues sein.
»Willst du Gicht vermeiden, so verwende
immer woll'ne Handschuhe für die Hände.«
O verflixt! Was gibt es sonst für Sachen,
welche Oma Freude machen?
Denn natürlich muss es praktisch sein,
soll es Omas Herz erfreu'n …

Und mit Schrecken wird dir klar:
Einfach alles hat sie ja!
Woll'ne Decken, Taschentücher,
Sofakissen, Kräuterbücher,
Hauspantoffeln, Überschuhe,
Häkeldeckchen für die Truhe,
Untersetzer, Ohrenwatte,
warme Socken, Tortenplatte,
für die Füße, für den Magen …
Magen? Halt! Das könnt es sein!
Und mit Wonne hörtest du sie klagen
eben über diesen Magen!

Und schon hast du die Idee:
Gegen Omas Magenweh
eine Flasche Magenbitter!
Ja, den schenkst du ihr, damit er
nicht nur Magen und Gedärme,
sondern auch ihr Herz erwärme!

Heiligabend trittst du dann
stolz mit deiner Flasche an.
Oma nimmt sie in Empfang
und stellt sie mit »Tausend Dank!«
unter ihren Tannenbaum.
Doch da steh'n, du glaubst es kaum,
ungefähr schon sieben Liter
Kräuterschnaps und Magenbitter,
den die anderen Verwandten,
Neffen, Nichten, Onkel, Tanten,
Oma Reimer mitgebracht,
weil sie alle nachgedacht
und sich das Gehirn verrenkt,
was man bloß der Oma schenkt!

Aber Oma Reimer sagt:
So wie sie der Magen plagt,
könnt sie zwölf bis vierzehn Flaschen
gut und gern im Jahr vernaschen!
Hans Scheibner

Großvaters Weihnachtsgeschenk

Die Großväter sind es, die um die Weihnachtszeit die schönsten Spielsachen kaufen. Für die eigenen Kinder genügte noch eine kleine Eisenbahn mit einem runden Schienenkranz und eine Puppe von handlichem Ausmaß. Die Enkelkinder werden meist wie Königskinder beschenkt, denn was ein rechter Großvater ist, der greift vor Weihnachten für sein Enkelkind so lange in den Beutel, bis er den Bodensatz der roten Pfennige erreicht.

Ich unterscheide mich in nichts von anderen Großvätern. Wenn ich die Weihnachtsgeschenke zusammenzähle, die ich für das Fest nach Hause getragen habe, so könnte ich leicht drei Enkelkinder damit beschenken. Ich habe aber nur eins, Peter heißt der Kleine, vier Jahre ist er alt und mein ganzer Stolz, verzeiht es mir. Die Leute sagen, er sehe mir ähnlich. Aber das ist nicht wahr: Ich war nie ein so schönes Kind, auch kein so kluges. Er wird es einmal viel weiter im Leben bringen als ich. Er ist meiner Tochter Kind, die selbst erst fünfundzwanzig ist. Sie wohnen nur ein paar Straßen entfernt von mir. Keine zehn Minuten, was für ein Glück für einen Großvater. Obgleich ich gar nicht mehr gut zu Fuß bin, steige ich doch täglich die drei Stock zu ihrer Wohnung hoch, um den Kleinen zu sehen und mit ihm zu spielen. Wir unterhalten uns ganz ernsthaft, man mag es glauben oder nicht, aber mit ihm geht mir der Gesprächsstoff nie aus. Ich bin ihm ein besserer Zuhörer, als ich es sonst in der Runde der Erwachsenen zu sein pflege.

»Du darfst zu Weihnachten nicht nur an deinen Enkel denken«, sagte meine Frau zu mir, »du musst auch deiner Tochter und ihrem Mann etwas schenken.«

Ich brummte in meiner Art: »Was ich dem Kind schenke, schenke ich auch der Mutter. Und was meinen Herrn Schwie-

gersohn betrifft, für ihn habe ich bereits ein Geschenk.«
»Im Ernst?«
»Ja. Ihm verzeihe ich zu Weihnachten, dass er mir vor fünf Jahren meine Tochter weggenommen hat.«
Meine Frau, die die Klügere war, schüttelte den Kopf: »Wir können vor ihnen nicht mit leeren Händen dastehen. Es wäre das erste Mal! Du musst ein Weihnachtsgeschenk für deine Tochter und auch für ihren Mann haben.«
Ich wehrte mich energisch: »Wieso?«, rief ich, »ich bin doch immer der Geprellte. Kaufe ich meiner Tochter einen schönen Teppich, läuft er darauf herum und hat immer warme Füße. Schenke ich ihr ein Kleid oder einen Mantel, wer hat den Vorteil? Er, denn er kann sich mit ihr zeigen und mit der eleganten Frau bewundern lassen. Schenke ich ihr ein Parfum, wer riecht es? Er und immer wieder er!«
Ich unterscheide mich in nichts von anderen Schwiegervätern. So sind sie alle.
»Du musst ihnen trotzdem zu Weihnachten eine Freude machen!«
»Na gut. Ich werde es mir überlegen.«
Ich ging lange mit mir zu Rate. Drei Tage vor Weihnachten kam mir der gute Gedanke. Ich ging hin und kaufte es. Ein Geschenk für beide. Für meine Tochter und meinen Schwiegersohn. Dass ich nicht früher auf die Idee gekommen war! Stolz trug ich das Geschenk nach Hause.
»Du strahlst ja so«, sagte meine Frau fragend.
»Ich habe für die Kinder ein Weihnachtsgeschenk gekauft.«
»Fein! Was ist es?«
»Ein Theaterabonnement.«
»Ein Theaterabonnement?«
»Oper und Schauspiel gemischt. Jede Woche eine Vorstellung. Zwei Plätze in der achten Reihe Parkett.«
Meine Frau bekam schmale Lippen. Die bekommt sie immer,

wenn ich eine Dummheit gemacht habe. »Unüberlegt wie immer!« sagte sie.
»Im Gegenteil. Alles genau bedacht und erwogen«, hielt ich dagegen.
»Die Kinder können doch gar nicht ins Theater gehen!«
»Warum nicht? Sind sie amusisch?«
Wenn meine Frau es gewagt hätte, hätte sie mir an die Stirn getippt. »Sie haben doch den Kleinen!«, rief sie. »Sie können ihn doch nicht jede Woche einen ganzen Abend allein in der Wohnung lassen!«
Da strahlte ich glücklich über das ganze Gesicht, legte meinen Arm um meine Frau und sagte: »Deswegen schenke ich ihnen ja das Theaterabonnement! Auf diese Weise müssen sie jede Woche einmal den Kleinen am Abend zu uns herüberbringen, und er wird die ganze Nacht bei uns schlafen – das hast du dir doch immer gewünscht –, da, nimm mein Taschentuch und putz dir die Nase …«

Begleitbrief zu einem Weihnachtspäckchen

Wieder einmal ist das Weihnachtsfest da,
drum schicke ich – wie jedes Jahr.
ein Päckchen mir vielen kleinen Dingen.
Ich hoffe, es möge euch Freude bringen.
Auch ein Verschen hab ich für jeden gemacht.
Ihr seht, ich hab an alle gedacht!
Nun wünsch ich euch viele schöne Stunden.
Möge der Festschmaus euch prächtig munden.
Vergesst nicht, eure Gedanken auch mal zu uns/mir zu lenken.
Wir/ich werde/n bestimmt viel an euch denken.

Zu Hausschuhen

Wenn du, liebe Eva, so am frühen Morgen
musst all deine Lieben mit Frühstück versorgen,
steig erst schnell in die »Puschen« rein!
Dann werden nie kalt deine Füßchen sein.

Zu Briefpapier

Ob du »IHM« schreibst oder »IHR« –
ein Päckchen schönes Briefpapier
kann es immer sein.
Ich hoffe, es wird dich auch erfreu'n!

Schreib mir deine Wünsche auf!

Bald ist wieder Weihnachten,
und dann geht es los:
Was soll ich denn nur schenken?
Ja, was mach ich bloß?

Hallo, ihr Großen und ihr Kleinen,
schreibt doch eure Wünsche auf!
Dann fällt die Wahl mir leichter,
ich such mir einfach etwas aus.

Was – das werd ich nicht verraten.
Seid nicht so neugierig!
Ihr könnt doch wohl noch warten?
Ungeduld, die mag ich nicht!

Die Wunschzettel – also:
  Strengt euch an! –
werde ich prämieren.
Ihr wollt euch doch vorm
  Weihnachtsmann
auf keinen Fall blamieren!

Und – denkt erst sorgfältig nach!
Schreibt bitte genau alles auf,
was ihr braucht und was ihr wünscht
und wie das Teil sieht aus.

Soll es etwas zum Anziehen sein,
dann ist auch ganz wichtig,
dass die Größe und Farbe stimmt,
und welche für euch ist richtig!

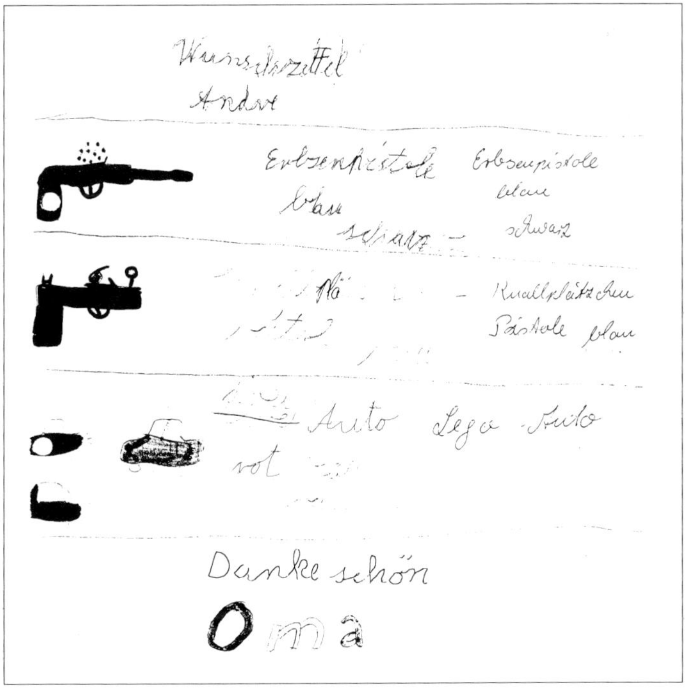

Am besten wäre es auf jeden Fall,
wenn du von diesem Modell
mir eine kleine Skizze machst,
dann find ich das Passende schnell.

Sollte es etwas Technisches sein,
dann beschreib es mir genau.
Denn aus dieser blöden Technik
wird heute kein Mensch mehr schlau!

Oder du zeigst es mir einmal
ganz unauffällig in einem Laden.
Würde ich mir das gute Stück mal ansehn,
so könnte das nicht schaden.

Natürlich bleibt es ein Geheimnis zwischen uns – das ist doch klar.
Doch um einen Wunschzettel bitten ich und der Weihnachtsmann auch fürs nächste Jahr!

Das vertauschte Geschenk

Ein Ehemann erzählt

Es war an einem Weihnachtsabend. Die ganze Familie – auch die Schwiegermutter – saß um den Weihnachtsbaum. Die Bescherung war vorbei. Jeder war mit dem Auspacken der Geschenke beschäftigt.

Ich hatte mir viel Mühe beim Aussuchen der Geschenke gemacht und war mit mir total zufrieden!

Aber – was war das? Ich sah Tränen in den Augen meiner Frau und Empörung im Gesicht meiner Schwiegermutter. Was war nur passiert?

Ich hatte aus Versehen die Päckchen mit den Geschenken vertauscht!

Meine Frau hatte das Päckchen mit dem Bettjäckchen und drei Baumwollschlüpfer bekommen.

Meine Schwiegermutter zeigte freudestrahlend und doch etwas beschämt die enzückenden Spitzen-Dessous in Rot und Schwarz. Ein Büstenhalter und zwei winzige Slips mit Spitzeneinsatz!

Als ich mich für dieses Versehen entschuldigte, mussten beide doch herzhaft lachen.

Aber mir war dieses Missgeschick sehr peinlich!

Ich glaube, dass ich noch lange an diesen Weihnachtsabend denken werde.

Als die Ur-Oma die Wäsche sah, meinte sie: »Schwarze Wäsche ist aber praktisch, die braucht man nicht so oft zu waschen!«

Was bringt der Weihnachtsmann?

Was bringt wohl der Weihnachtsmann in diesem Jahr an Gaben?
Alles, was das Herz begehrt, kann man heut doch haben:
Für Mama vielleicht ein Paar goldene Clips?
Sie brauchen ja nicht ganz echt zu sein.
Papa bekommt – wie immer – einen Schlips.
Es wird ihm – wie immer – ganz recht sein!
Der Opa bekommt ein Paar warme Socken
und Hosenträger noch dazu.
Die Oma kann man aufs Sofa locken
mit einem weichen Kissen – für die Ruh!
Für die Kinder Geschenke zu kaufen
ist bestimmt nicht schwer.
Sie möchten immer alles haben,
alles, was ihr kleines Herz begehrt.
Für Kinder ist das ganz normal.
So wars schon früher – so wirds immer sein.
Nur können sie sich an einem kleinen Gummiball
heut bestimmt nicht mehr richtig erfreu'n!
Heut muss es schon etwas Technisches sein.
oder eine Musikanlage – richtig mit Pfiff!
Auch mit einem Angeber-Handy hätten sie
ihr Tagesprogramm leichter in Griff!

Nur: Bei dem Schenken gibt es ein Problem.
Wer bezahlt all die großen Sachen?
An den Weihnachtsmann glauben ist bequem.
Aber sagt mal ehrlich – habt ihr schon mal einen »echten« geseh'n?!

Geschenke kann man umtauschen!

O du schöne Weihnachtszeit!
Bald ist es wieder mal soweit!
Wenn am ersten Sonntag im Advent
am Kranz die erste Kerze brennt.

Und – brennen erst der Kerzen vier,
dann steht das liebe Christkind vor der Tür.
Es wird uns die schönsten Geschenke bringen,
und frohe Lieder werden wir singen.

Auf dem Gabentisch liegen die schönsten Sachen!
Dinge, die allen Freude machen,
und andere, da denkt sowohl SIE als auch ER:
»Ach, wenns doch ein bisschen was anderes wär!«

Zu groß, zu klein, falsche Farbe, schon vorhanden?
Daran wird der gute Wille doch nicht zuschanden!
Tauscht um und sucht selbst das Richtige aus
und tragt es zufrieden dann nach Haus.

Seid immer nett zueinander!

Man sagt: »Vorfreude ist die Beste.«
So ist es wohl zu jedem Feste.
Besonders vor Weihnachten ist das der Fall!
Jubel und Trubel herrscht überall!

Jeder reißt sich jetzt zusamm',
bis dann kommt der Weihnachtsmann.
Denn es ist nun mal so Brauch,
dass man bekommt Geschenke auch.

Ratsam ist, vor den Weihnachtstagen
besonders den Menschen was Nettes zu sagen,
von denen man Geschenke erhofft.
Denn diese Erfahrung macht man oft:

Tut man jemandem eine Gefälligkeit,
ist der oder die auch zum Geben bereit.
Das muss aber nicht immer so bleiben.
Man sollte es keinesfalls übertreiben.

Ist die Bescherung zu Weihnachten vorbei,
bist du von der besonderen »Nettigkeit« wieder frei.
Sei dann zu den Menschen nur so nett, wie du immer bist!
Dennoch – Spaß beiseite! Sieh zu, dass du die Liebe niemals ganz vergisst.

Was schenk ich meinem Mann?

Was soll ich nur schenken? Es ist so schwer.
Ja, wenn nur das liebe Geld nicht wär!
Kann man nichts schenken – ganz ohne Geld?
Etwas, das den Menschen wohl gefällt?
Liebe verschenken ist doch so schön!
Man muss es nur richtig versteh'n!

Schenke aber auch immer mit Bedacht.
Überleg genau, was »IHM« Freude macht.
Mit Krawatte, Oberhemd und Socken
kann man keinem Mann mehr Liebe entlocken.
Vielleicht fehlt ihm zu seinem Glück
und zu seinem Hobby ein neues Stück!
Was es auch sei – es gibt so viele Sachen,
mit dem man dem Mann eine Freude kann machen.
Und fällt dir wirklich nichts mehr ein,
dann frag ihn – ob deine Liebe und ein Kuss nicht genug könnten sein.

Was schenkt man einer Frau?

Es war Weihnachten. Max hatte Ärger mit seiner Annett!
Sie wollte unbedingt Spitzenwäsche fürs Bett.
Aber mit Ausschnitt – nicht bis obenhin zu.
Und ganz aus Spitze – man nennt sowas »Dessous«.
Und was macht Max? Er schenkt ihr 'nen Schlafanzug in Flanell.
Da kommt man ja auch gar nicht raus – so schnell!
Bei Seide und Spitze, da klopft es im Busen.
Alles ist so schön – und auch das Schmusen!
Leider haben Männer dafür oft kein Gefühl.
Natürlich ist auch das Geld dabei im Spiel.

Seide und Spitze sind edel und schön,
aber doch auch teuer, das muss man gestehn.
Doch wenn ein Mann liebt seine Frau, dürfte ihm nichts zu teuer sein!
Für ihn macht sie sich doch schön!
Warum sehen Männer das oft nicht ein?

Weihnachten, da ist es dann passiert:
Da kam Max – statt mit Spitzenwäsche –
mit ’nem »Karnickel« anmarschiert!
Als ich dann aber weinte, da ist er gelaufen,
um mir doch noch die Wäsche zu kaufen!
Er hatte seine Entscheidung schon bereut.
Konnt ja auch nicht ahnen, dass mich schöne Wäsche so erfreut!

So feiern wir zwei immer schöne Feste!
Für mich ist und bleibt mein Max immer der Beste!

Auf was soll ich mich freuen?

Auf was soll ich mich freuen?
Der Wünsche sind so viel.
Freu ich mich wohl am meisten
aufs Kasperlpuppenspiel?

Nein, auf den Teddybären!
Nein, auf das Marzipan!
Nein, auf das Spielzeugauto!
Nein, auf den Hampelmann!

Ich habe so viel Wünsche,
ich weiß nicht, was ich will.
Ich glaub, ich möcht am liebsten
ein Kasperlpuppenspiel.
Bruno H. Bull

Für Mama lieb verpackt!

Hallo, liebe Mama – hier bring ich dir,
selbst lieb verpackt
– ganz mit Bedacht! –,
mein Geschenk. Ich wünsche mir,
dass es dir viel Freude macht.
Denn ich finde es gar nicht schön,
wenn man sich das Geschenk einpacken lässt
und dafür in ein Geschäft muss gehn.
Gerade das Einpacken gehört doch zum Fest!
Schau doch mal an – das hübsche Papier!
Das wunderschöne goldene Band!
Und dann die kleinen Herzchen hier,
die ich bei den Weihnachtssachen fand!

Ich hoffe natürlich sehr,
dass dir mein Geschenk auch gefällt.
Ich habe es selbst beim Weihnachtsmann für dich bestellt!
Doch – nun wünsche ich dir am Weihnahtsfeste
Besinnlichkeit – und viel Freude! Für mich bist und bleibst du die Allerbeste!

So geht es auch!

Geschenke machen ist wunderschön!
Aber – leider kann es auch gescheh'n,
wie's uns passierte:
Wir vergaßen, ein Geschenk zu besorgen.
Und natürlich gerade am Weihnachts-Morgen,
da sind die Geschäfte geschlossen.
So ein Pech! Nun konnten wir nur noch hoffen,

dass einem ein Geschenk fällt ein,
womit man die Nachbarn kann erfreun.

Halt! Stopp! Gleich dachte ich: Ich habs!
Ich habe doch noch die Flasche Schnaps.
Die hat ein Kollege mir mitgebracht.
Und aus Schnaps habe ich mir noch nie was gemacht!
Mein Nachbar aber, der wird sich freu'n.
Ich weiß, der nimmt so gerne mal ein'n!
Und zusammen schenkten wir dann den Nachbarn beiden
das große Blumenbild – es stand im Keller.
Ich konnt es noch niemals leiden.
Irgend jemand hatte es uns mal geschenkt,
und ich meine, keiner es einem verdenkt,
wenn man es einfach weiterreicht,
zumal wenn es einem nicht gefällt
und die Trennung fällt einem leicht.
Wichtig ist doch – man hat dran gedacht
und überhaupt ein Geschenk mitgebracht!

Aber – o je – da hatt ich was angerichtet!
Die Nachbarin hat mich mit Blicken vernichtet.
Sie war empört, denn ich hatt nicht bedacht,
dass gerade sie uns dieses Bild mal gebracht.
Zu meinem Geburtstags wars – o wie peinlich!
Doch die Nachbarin war gottlob nicht kleinlich.
Sie hat mich sogar in den Arm genommen
und sagte: »Ich habs auch mal von Nachbarn bekommen
und fand es auch weniger schön!«

Ja – so kanns einem gehn!

Wie haben sich die Zeiten geändert!

Hast du schon mal drüber nachgedacht,
wie man heute doch vieles ganz anders macht?
Wie sich die Zeiten geändert haben!
Heut gibts gar keine Mädchen mehr und Knaben,
Nein, heute sind es Teenys, Teenager und Kids
Es ist eben alles anders – das nützt nix!
Die Eltern darf man heut mit dem Vornamen nennen.
Vorausgesetzt, man tut sie auch kennen!
Der Großvater kann eher den Namen »Opa« vertragen.
'S klingt auch alles lockerer, das muss ich sagen.
Früher spielten gerne draußen die Kinder,
ganz gleich, ob Sommer oder Winter.
Doch wenn man das Leben heute so sieht,
wohl kein Spiel die Kinder mehr anzieht
als der Computer – das ist wahr.
Der Fritz bekam ihn, da war er erst sechs Jahr!
Jetzt geht auch er nicht mehr gern aus dem Haus,
sondern probiert sämtliche Spiele aus.
Soweit ein Computer für die Schule ist wichtig,
ist er als Weihnachtsgeschenk immer richtig.
Hat an dem Ding auch der Papa seine Freud,
Kommt es allerdings oft zum Familienstreit.
Früher hatten die Kleinen einen einfachen Roller.
Dann fanden sie so einen zum Treten noch toller!
Doch heut kommt nur noch ein Skateboard in Frage.
Allerdings hört man leider oft die Klage,
dass die Kinder damit durch die Straßen hetzen
und sogar alte Leute beim Spaziergang verletzen!
Als Karin am Heiligabend ist damit durch die Stube gerast,
fiel sie genau in den Tannenbaum – ja, und das wars!
Mit den Dingern kannst du gern draußen rumflitzen,

Aber nicht andere Gemüter in der Wohnung erhitzen!
Denkt auch mal zurück an die Eisenbahn!
Sie war ein Lieblingsgeschenk vom Weihnachtsmann!
Der Sohn bekam sie – doch der Herr Papa meinte,
sie wäre doch auch für Erwachsene da!
Da saß der Sohnemann und weinte ...
Doch das Zusammenspiel war schön – ich denk,
es war und ist immer ein schönes Geschenk!
Spiele bringen uns zusammen, besonders in der Weihnachtszeit.
Das war damals so – und ist nicht anders heut.

Der Tannenbaum

Ein Christbaum darf nicht fehlen! Er ist so schön!
Aber – warum nur in jedem Jahr dieses Problem?!
Probleme gibts oft beim Tannenbaumkaufen!
Zunächst die Entscheidung: Wer wird in diesem Jahr laufen?
Und meistens folgt dann gleich die Frage:
Wo ist der Baumschmuck vom vorigen Jahre?

Der Winter ist gekommen
und hat hinweggenommen
der Erde grünes Kleid.
Schnee liegt auf Blütenkeimen,
kein Blatt ist auf den Bäumen,
erstarrt die Flüsse weit und breit.

Da schallen plötzlich Klänge
und frohe Festgesänge
hell durch die Winternacht.
In Hütten und Palästen
ist rings in grünen Ästen
ein bunter Frühling aufgemacht.

Wie gern doch seh ich glänzen
mit all den reichen Kränzen
den grünen Weihnachtsbaum!
Dazu der Kinder Mienen,
von Licht und Lust beschienen –
wohl schön're Freude gibt es kaum.

Oma Reimer kauft einen Weihnachtsbaum

Oma sucht nach einem Weihnachtsbaum.
Doch sie sagt, dass sie mit ihrer Rente
einen Weihnachtsbaum sich kaum
wie in and'ren Jahren leisten könnte.

Oma macht sich also auf die Reise.
Oma fährt drei Tage in die Stadt,
bis sie in Bezug auf Christbaumpreise
eine Markt-Verhaltens-Analyse hat.

Oma sieht beim Händler gegenüber
einen Baum von trauriger Gestalt
Es geniert sich wegen dieser Krüppelkiefer
sicherlich der ganze Wald!

Oma sieht, wie Leute ihn betrachten,
und wie jeder ihn beiseite stellt.
Ach, was schief ist und was schlecht gewachsen,
findet keine Freunde auf der Welt.

Armer Baum, denkt Oma traurig, keiner
hat ein Herz, du krummes Holz, für dich.
Also kauft sie selbst ihn, Oma Reimer,
sowohl freudig als auch ärgerlich.

Und natürlich ist er viel zu teuer.
Oma schimpft bis zum Silvestertag:
»Bild dir bloß nicht ein, du Ungeheuer,
dass dich Oma leiden mag!«

Hans Scheibner

Immer Ärger mit dem Weihnachtsbaum!

Ist der Kauf des Baumes nur Männersache?
Eigentlich ja! Aber leider ist auf sie (aber nur diesbezüglich!) nicht immer Verlass!
Meistens verschieben sie diese Aufgabe bis zum letzten Tag!
So kam unser Vater einmal mit einem total schiefen Kümmerling an. Er sah aus wie ein »Weihnachts-Bonsai.«
Dafür brachte er im nächsten Jahr eine Riesentanne! So hoch wie ein Mastbaum! – Wir mussten nun versuchen, ihn auf Dielenhöhe zu stutzen. Aber – womit? Wir besaßen nur eine kleine Laubsäge. Da musste der Nachbar mit einer großen Säge helfen.
Auch das Schmücken des Baumes war in jedem Jahr eine Katastrophe!
Wo war der ganze Tannenbaum-Schmuck geblieben?
Keiner wusste es. Die Kerzen, Kugeln, das Lametta und Engelshaar hatten wir zwar gefunden. Aber wo war der Fuß?
Da hatte mein Vater die Blitzidee, den Baum in den Schirmständer zu stecken. Ja – das war die Lösung.
So wurde es zwar oft ein hektischer, aber noch ganz schöner Heiligabend! Stolz ruht sich Papa dann (nach dieser schweren Arbeit!?) im Sessel aus.
Und Mama schaut glücklich und zufrieden in die Runde.

Die Geschichte vom kleinen Tannenbaum

Schneebedeckt am Waldessaum
steht ein kleiner Tannenbaum.
Er ist traurig, kann nicht versteh'n,
warum alle Menschen vorübergeh'n.
Zum Weihnachtsfest suchen sie nur große Bäume aus,
holzen sie ab und nehmen sie mit nach Haus.

Dann wird dem Bäumchen ums Herz so schwer.
Es wünscht sich: Wenn ich doch groß erst wär‘!
Nun wächst das Bäumchen Jahr für Jahr.
Am Stamm und den Zweigen man es schon sah.
Und bald erfüllt sich auch sein Traum:
Aus dem Bäumchen wurde ein großer Baum.
Er ist jetzt so groß wie der Weihnachtsmann
und hat einen kerzengraden Stamm.

Bald ist es mit seiner Einsamkeit aus.
Ein Ehepaar nimmt ihn zum Fest mit nach Haus.
Man schmückt ihn so schön, er ist kaum zu erkennen.
Endlich darf er sich nun auch »Christbaum« nennen.

Doch ist Weihnachten vorbei – ihr glaubt es kaum –,
rieselt nicht nur der Schnee, sondern auch unser Baum!

Bei Oma Reimer unterm Tannenbaum

Weihnachten steht bei Oma Reimer
stets ein gefüllter Wassereimer
neben dem Tannenbaum –
sowie eine Tüte mit Sand.
So wartet Oma mit Gottvertrau'n
auf den Weihnachtsbaumbrand.

Allerdings hat sie elektrische Kerzen.
Ja, mit dem Unglück ist nicht zu scherzen!
Wenn da ein Kurzschluss entsteht
(wie es schon oft in der Zeitung stand!).
Du glaubst ja gar nicht, wie schnell das geht,
so ein Weihnachtsbaumbrand.

Darum legt Oma auch ihre Papiere,
ihr Reserve-Gebiss, das Sparbuch und ihre
Fotos von dem ersten Mann
neben das Gummibaum-Postament:
damit sie sie schneller erreichen kann,
wenn der Weihnachtsbaum brennt.

Und dann Oma schon überlegt,
ob sie zu Weihnachten Gummischuh' trägt,
und sie zieht sich besonders von unten warm an:
weil man ja nicht erst im letzten Moment
sich warm anziehen kann,
wenn der Weihnachtsbaum brennt!

Weihnachten findet sie – sagt sie – ganz ehrlich:
irgendwie schön – aber auch gefährlich!
Hans Scheibner

Tannengeflüster

Wenn die ersten Fröste knistern
in dem Wald bei Bayrisch-Moos,
geht ein Wispern und ein Flüstern
in den Tannenbäumen los.
Ein Gekicher und Gesumm
ringsherum.
Eine Tanne lernt Gedichte,
eine Lärche hört ihr zu.
Eine dicke, alte Fichte
sagt verdrießlich: »Gebt doch Ruh!
Kerzenlicht und Weihnachtszeit
sind noch weit!«

Vierundzwanzig lange Tage
wird gekräuselt und gestutzt
und das Wäldchen ohne Frage
wunderhübsch herausgeputzt.
Wer noch fragt: Wieso? Warum?
Der ist dumm.

Was das Flüstern hier bedeutet,
weiß man selbst im Spatzennest:
Jeder Tannenbaum bereitet
sich nun vor aufs Weihnachtsfest.
Denn ein Weihnachtsbaum zu sein:
Das ist fein!
James Krüss

Advent

Es treibt der Wind im Winterwalde
die Flockenherde wie ein Hirt,
und manche Tanne ahnt, wie balde
sie fromm und lichterheilig wird,
und lauscht hinaus. Den weißen Wegen
streckt sie die Zweige hin – bereit,
und wehrt dem Wind und wächst entgegen
der einen Nacht der Herrlichkeit.
Rainer Maria Rilke

Der Traum

Ich lag und schlief – da träumte mir
ein wunderschöner Traum:
Es stand auf uns'rem Tisch vor mir
ein hoher Weihnachtsbaum.

Und bunte Lichter ohne Zahl,
die brannten ringsumher;
die Zweige waren allzumal
von gold'nen Äpfeln schwer.

Und Zuckerpuppen hingen dran –
das war mal eine Pracht!
Da gabs, was ich nur wünschen kann
und was mir Freude macht.

Und als ich nach dem Baume sah
und ganz verwundert stand,
nach einem Apfel griff ich da,
und alles, alles schwand.

Da wacht ich auf aus meinem Traum,
und dunkel wars um mich.
Du lieber, schöner Weihnachtsbaum,
sag an, wo find ich dich?

Da war es just, als rief' er mir:
»Du darfst nur artig sein;
dann steh ich wiederum vor dir –
jetzt aber schlaf nur ein!

Und wenn du folgst und artig bist,
dann ist erfüllt dein Traum,
dann bringet dir der heil'ge Christ
den schönsten Weihnachtsbaum.«
Heinrich Hoffmann von Fallersleben

Kinder und der Weihnachtsmann

Lieber guter Weihnachtsmann,
sieh mich nicht so böse an.
Stecke deine Rute ein,
ich will immer artig sein.

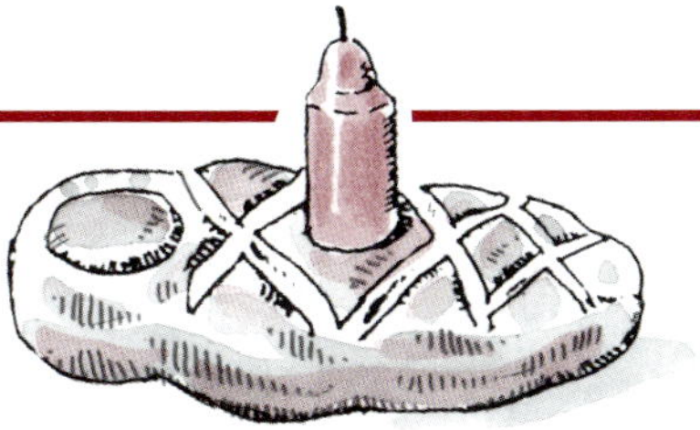

Guter Rat

Jetzt schauen die Engel durchs Fenster herein
und lauschen an allen Türen.
Da muss man besonders artig sein
und muss sich ganz musterhaft führen.

Nie darf man machen ein böses Gesicht
und weinen nicht mal beim Waschen,
und von dem Pflaumenmus darf man nicht
und auch nicht vom Zucker naschen.

So brav soll man sein das ganze Jahr
und nicht nur vor hohen Festen,
sagt meine Mutti. Doch wers noch nicht war,
der lernts jetzt entschieden am besten.

Unter dem Schornstein

Ich war noch ein kleiner Junge und glaubte noch an den Weihnachtsmann. Nicht an den, der abends Haus für Haus geht und klopft an die Tür und fragt: »Sind die Kinder auch immer artig gewesen?« Den kannten wir damals noch nicht. »Der kommt nur zu den Leuten, die einen eisernen Herd haben und ein enges Ofenrohr«, sagte Mutter.
Nein, so weit waren wir noch nicht. Zu uns kam immer noch der andere – der mitten in der Nacht mit einem großen Sack über Land und über die Dächer flog und warf überall, wo noch ein richtiger Kohleherd war, etwas in den Schornstein.
Wir waren fünf Kinder im Hause, und ich war das kleinste. Und wir mussten am Abend vor Weihnachten jeder einen Teller auf den Herd stellen, alle schön der Reihe nach rund um das offene Feuerloch herum. »Nicht zu weit nach der Mitte«, sagte Mutter, »sonst sieht es so unbescheiden und so gierig aus. Und auch nicht so weit weg an den Rand, sonst kriegt man nichts ab.«
Wir stellten unsere fünf Teller – jeder von uns hatte seinen eigenen Teller, und meiner war ganz besonders bunt –, die stellten wir alle fünf in einem schönen Halbkreis vor das Feuerloch. Und dann beugten wir uns noch mal alle ganz weit über den Herd und guckten nach, ob der Schornstein auch wirklich offen war. Und dann sagten wir »Gute Nacht« und kletterten einer nach dem andern in die Betten. – Mutter saß noch am Tisch und nähte.
Mitten in der Nacht wachte ich auf, und ich meinte, da hätte etwas gebrummt und geknackt, und ich dachte: »Nun ist er eben – gerade eben ist er rübergeflogen und hat was in den Schornstein geworfen!« Und ich dachte: »Was das nun wohl gewesen ist? Was da nun wohl liegt – auf meinem Teller?« Und weil ich meinte, ich könnte nun doch nicht wieder ein-

schlafen – und weil draußen ganz heller Mondschein war und alles war so still im Hause –, so stand ich leise auf und schlich mich nach der Küche und guckte auf den Herd. Aber da war noch gar nicht viel zu gucken. Die Teller waren noch leer.

»Dann musst du dich ja wohl verhört haben«, dachte ich und wollte mich schon umdrehen und wollte wieder ins Bett – da meinte ich plötzlich – da kam es mir so vor, als wenn mein Teller dies Mal etwas weiter zurück stände als die anderen vier. Und weil ich doch gerade in diesem Jahr etwas ganz Schönes – und auch recht viel! – vom Weihnachtsmann haben wollte – und weil mich niemand sah und keiner etwas davon wusste –, so stellte ich meinen Teller leise und vorsichtig ein ganzes Stück weiter nach vorn und schob ihn mitten unter den offenen Schornstein. – Und dann horchte ich noch mal eben und hörte mein Herz klopfen – und ging schnell wieder in die Kammer und kroch unter die Decke.

Und lag noch lange wach und wusste nicht, ob ich das nun so richtig gemacht hätte oder nicht. Aber dann dachte ich: Steh auch ganz früh auf, dass keiner was merkt. Und wenn es ganz schlimm wird, kann ich ihnen ja auch immer noch was abgeben. – Und dann schlief ich auch bald wieder ein.

Als ich aufwachte, waren Jakob und Greta schon in der Stube, und Jan und Heiner standen schon am Fenster und guckten aus. Ich wollte mich leise an ihnen vorbei drücken, aber – »Halt stopp!«, sagte meine Mutter, »Wo willst du hin?« – »Bloß mal eben sehen, ob da was in meinem Teller ...« »Nein, hierbleiben! Und erst mal die Hose anziehen Und Strümpfe und Stiefel! Und die Hände und den Hals waschen! Wenn du fertig bist, gehen wir alle zugleich. Und ich gehe voraus, damit es nachher keinen Streit gibt.« Ich muss wohl ein ganz bedeppertes Gesicht gemacht haben, Greta guckte mich an und griente, und Jan sagte: »Nu mach mal ’n bisschen zu, dass du weiter kommst! Wir warten doch auf dich!« Es ging an diesem Morgen nicht so schnell, wie es eigentlich gehen sollte, aber – zuletzt war ich denn ja doch klar und stand an der Tür und wollte raus.

»Halt stopp!« sagte Mutter wieder. »Erst komme ich, und ihr kommt alle hinter mir her!« – Und dann ging sie über die Diele und stand vor dem großen Herd und reichte uns unsere Teller. Und freute sich bei jedem Teller mit. Jan hatte fünf schöne Äpfel und wenigstens zwanzig Nüsse und vier braune Kuchen – und ein Paar neue Schlittschuhe. Und Grete hatte auf ihren Äpfeln und Nüssen und Kuchen eine schöne weiße Schürze liegen. Und Heiner ein dickes Märchenbuch. Und Jakob einen Baukasten. Und ich – ich hatte in meinem großen bunten Teller nur einen kleinen Apfel und eine Nuss und einen braunen Kuchen – und sonst nichts – kein Stück weiter.

»Na –? Was hat denn das zu bedeuten?«, sagte Mutter. Und sie suchte den ganzen Herd ab und guckte auch noch in den Schornstein, ob da nichts hängen geblieben war. »Wie kommt denn das? Bist du denn nicht artig gewesen im letzten Jahr?«

»Doch!«, nickte ich nur, sagen konnte ich nichts, – mir saß ein großer Klumpen im Hals. Und auch als meine Geschwister mich nun halb bedauerten und halb in heimlicher Schadenfreude aufzählten, was ich verkehrt gemacht und was ich vielleicht alles ausgefressen haben konnte, schüttelte ich nur immer den Kopf: »Nee, nee – das ist es nicht.«

Nein, ich wusste es besser. Und Mutter wusste es auch, das merkte ich – sie tat ja nur so. »Der Weihnachtsmann wird ja wohl wissen, warum«, sagte Mutter, »wir können da weiter nichts tun. Ihr könntet ihm ja höchstens etwas von euren Sachen abgeben, wenn ihr mögt, aber – recht ist es ja eigentlich nicht.«

Greta und Jan gaben mir jeder einen Apfel. Heiner gab mir ein paar Nüsse. Jakob gab mir zwei braune Kuchen. »Und von mir kriegst du vielleicht auch noch was«, sagte Mutter, »sobald ich weiß, warum der Weihnachtsmann dich so kümmerlich bedacht hat.«

Eine ganze Stunde druckste ich noch herum, dann ging ich zu meiner Mutter und sagte es ihr – leise, unter vier Augen: dass ich nachts wieder aufgestanden wäre und dass ich meinen Teller vor die anderen vier und mitten unter den Schornstein gestellt hätte.

Mutter schüttelte den Kopf. Aber dann guckte sie mir still in die Augen und strich mir über den Scheitel. »Es ist gut«, sagte sie, »wir wollen nun nicht mehr davon sprechen. Du darfst deinen Teller heute Abend noch mal hinstellen – mitunter kommt ja der Weihnachtsmann noch mal zurück.«

Ich stellte abends – ganz allein – meinen Teller wieder auf den Herd. Nicht direkt unter den Schornstein, aber auch nicht zu weit weg auf den Rand, sondern so halb bis zur Mitte, als ob noch vier andere Teller daneben ständen. – Und ich hatte am nächsten Morgen: vier schöne Äpfel, etwa zwanzig Nüsse und drei braune Kuchen und obendrauf eine schöne weiche, wollene Mütze – mit einem bunten Klunker. Ich habe mich ganz toll gefreut und habe sie lange getragen. Und habe sie auch heute noch nicht vergessen.

Ich denke noch oft an diesen Weihnachtsmorgen und an diese weiche wollene Mütze mit dem bunten Klunker – besonders immer dann, wenn ich meinen Teller mal wieder irgendwo – vor die anderen und mitten unter den Schornstein stellen möchte.

Rudolf Kinau

Denkt euch: Ich habe das Christkind geseh'n!
Es kam aus dem Walde, das Mützchen voll Schnee,
mit gefrorenem Näschen.
Die kleinen Hände taten ihm weh,
denn es trug einen Sack, der war gar schwer,
schleppte und polterte hinter ihm her.
Was drin war, möchtet ihr wissen?
Ihr Naseweise, ihr Schelmenpack –
meint ihr, der wäre offen, der Sack?
Zugebunden bis oben hin!
Doch es war gewiss was Schönes drin:
Es roch so nach Äpfeln und Nüssen!
Anna Ritter

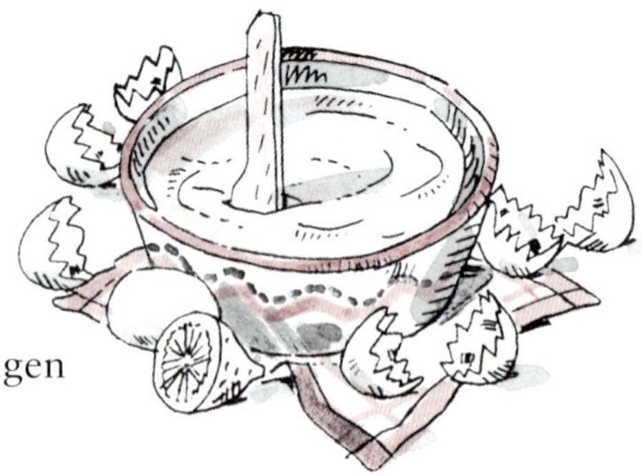

Die Arbeitskraft

Da hört man immer die Leute sagen,
der Weihnachtsmann könnt vor den Feiertagen
sich vor lauter Arbeit einfach nicht retten.
Er und die Heinzelmänner hätten
zu große Plage mit all den Geschenken.
Ja, bei so vielen Kindern – man kann sichs ja denken.
Warum aber nimmt dann der Weihnachtsmann
nicht mich für die Zeit als Hilfskraft an!
In der Schule würde ich Urlaub bekommen;
vor Weihnachten wirds so genau nicht genommen,
namentlich nicht, wenn der Lehrer wüsste,
dass ich dem Weihnachtsmann helfen müsste.
Und ich würde das doch so gerne machen!
Zum Beispiel Spielzeug und solche Sachen
zusammentragen und ausprobieren –

es muss alles nachher doch gut funktionieren!
Besonders gern hülfe ich beim Backen:
so Rosinen waschen und Mandeln hacken.
Ja, dazu würd ich hervorragend passen.
Ich möchts ihn so gerne wissen lassen!
Weihnachtsmann! Weihnachtsmann! Hörst du mich?
Hier ist eine Arbeitskraft für dich!

Seit vielen Jahren sammele ich Kinder-Weihnachtsbriefe. Sie alle sagen: Kinder wünschen sich oft viel mehr als nur Geschenke. Das klingt aus manchem kleinen Text heraus, den Kinder schrieben. Ich lese Ihnen einige vor.

An die Eltern!

Einmal nur am Weihnachtsabend bin ich wirklich froh,
und ich glaube, Mutti und Vati geht es ebenso.
Lieder singen wir gemeinsam,
Mutti spielt Klavier.
Sie hören beide zu, wenn ich was sage,
und sind besonders lieb zu mir.

Liebe Mutti, lieber Vati,

bitte denkt daran,
dass allein das viele Spielzeug
mich nicht glücklich machen kann.
Dass die schönste Fernsehsendung
eure Liebe nicht ersetzt.
Dass ich einsam bin und traurig,
während ihr durchs Leben hetzt.

Ich bin Monika!

Bald ist Weihnachten!
Ich schenke Vati ein Feuerzeug zu 22,– DM.
Vati schenkt Peter einen Tennisschläger zu 22,– DM.
Peter schenkt Mutti eine Handtasche zu 19,50 DM.
Mutti schenkt mir eine CD zu 18,– DM.
Für 4,50 DM muss ich noch bekommen. – Von wem?
Ich bin gespannt auf Weihnachten.

Beeil dich doch, lieber Weihnachtsmann!
Fang endlich mit der Bescherung an!
Ich werde auch ganz bescheiden sein.
Wünsch mir nur ein Auto – aber nicht so klein!
Und ferngesteuert – bitte ja!
Das muss schon sein. Das ist doch klar!

Doch hast du schon gehört,
was die Leute so reden?
Jemand hat gesagt, es würde dich gar nicht geben!
Aber Florian, mein Freund, der schwört,
dass er dich selbst gesehen hat.
Du fuhrst im Schlitten durch unsere Stadt.
Und ich, ich hab schon geträumt von dir.
Du reichtest das Auto – ein gelbes – zu mir.
Also, lieber Weihnachtsmann, komm bald zu mir her!
Ach ja: Wenn das Auto rot ist, freu ich mich noch mehr.

Bittbrief an den Weihnachtsmann

Lieber Weihnachtsmann,
weißt du, warum meine Eltern sich haben geschieden?
Sie sagten mir nur, dass sie sich nicht mehr lieben.
Warum wohl? Ich finde das gar nicht schön!
Sie haben sich so gern geküsst,
drum kann ichs auch nicht versteh'n!
Sie hätten doch auch kein Baby bekommen,
wenn sie sich nicht lieb in den Arm genommen!
Ich bin zwar noch nicht groß,
aber auch nicht gerade ganz klein!
Weiß nur, wenn man sich lieb hat, muss das so sein!
Und wie oft haben sie mir gesagt,
wie sehr sie sich gefreut,
als ich kam zur Welt – gerade zur Weihnachtszeit!
Wie waren wir doch immer so fröhlich zu dritt!
Beim Spazierengehen ging ich stets in der Mitt!
    Mama sagt, der Papa wäre »abgehauen«
    – ich kann es gar nicht glauben!
    Kann ich jetzt Papa – oder Mama nicht mehr vertrauen?
    Jetzt bin ich immer mal bei der Mama und dann mal bei dem Papa.
    Das macht mich oft traurig. Das verstehst du doch – ja?
Weihnachten ist doch das Fest der Liebe.
Wir möchten alle, dass es auch so bliebe!
Sag selbst, ist es da nicht recht,
wenn ich grade dann mit beiden feiern möcht?
Nun, sag mir bitte, lieber Weihnachtsmann,
was ich daran ändern kann.
Lieber Weihnachtsmann, für mich wärs
das schönste Geschenk, das glaube mir!
Wenn du das mal richtig regelst,
will ich auch nichts weiter mehr haben von dir! *Deine Claudia*

Liebes Christkind,
wenn du einmal Zeit hast, dann komm doch mal runter und bringe grüne Farbe mit, damit die Tannebäume wieder schön wertden. Warum kümmerst du dich nicht darum, dass die Luft rein und gut ist? Dann würden die Bäume nicht alle eingehen und sähen nicht so traurig und hässlich aus.

Was kriegen die Kinder vom Weihnachtsmann,
und was kriegt das Krokodil?
Was kriegen der Bär und der Leguan
und der Ägypter am Nil?
Ich weiß nur, der Affe in unserem Zoo
bekommt drei Bananen geschenkt,
und ganz bestimmt ist der Affe sehr froh,
wenn der Weihnachtsmann an ihn denkt.
Ich weiß auch genau, dass der Weihnachtsmann
die Großmama nie vergisst,
weil ich ohne Zögern sagen kann,
dass sie meistens artig ist.
Doch was unser Kind heut vom Weihnachtsmann kriegt,
das weiß nur das Christkind allein,
denn was heute nacht unterm Tannenbaum liegt,
soll noch ein Geheimnis sein.

Fritzchen, bleib vom Schlüsselloch!
Das Christkindlein, das sieht das doch.
Fliegt davon, wenn man es stört.
Fritzchen, hast du nicht gehört?
Aber Fritzchen tat es doch:
schaute durch das Schlüsselloch.
Christkindlein, beleidigt sehr,
flog davon und kam nicht mehr.

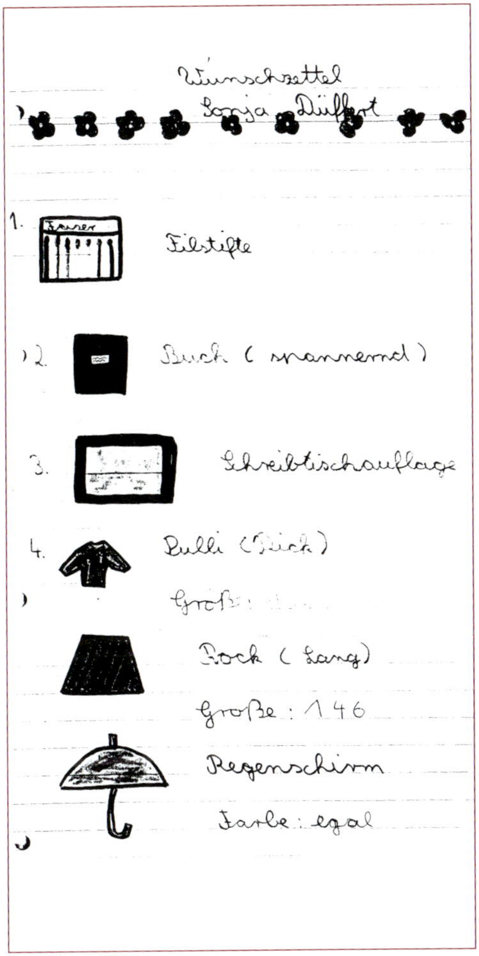

Weihnachtswunsch

Hallo, lieber Weihnachtsmann,
sieh mich ruhig freundlich an!
Schließlich bin ich immer brav,
sage mein Gedicht im Schlaf,
und wer mich ins Unrecht setzt,
der wird gleich von mir verpetzt.
Drohe nur nicht bloß den Kindern,
sondern auch den großen Sündern!
Sollst, das sag ich unverhohlen,
denen mal den Po versohlen!
Denn die manchmal gar nicht
Netten
nehmen sich, was, wir gern hätten:
Kinderspielplatz, Hof und Straße,
alles bloß nach ihrer Nase.
Da, wo Spaß und Spiel und Dreck,
schimpfen Leute: »Schert euch weg!«
Und bei dem, der so was macht,
wär die Rute angebracht!
Darum, lieber Weihnachtsmann,
mach erst mal die Großen an!

Hilda Kühl

Eine lustige Panne ist uns Weihnachten mal passiert!
Unsere Kinder waren damals noch in dem Alter, wo sie nicht mehr so recht an den Weihnachtsmann glaubten.
Das hatte sich aber schnell geändert, als unser Nachbar einmal den Weihnachtsmann spielte und plötzlich seinen Bart verlor.
Prompt sagte unser Kleinster: »Du bist gar nicht der Weihnachtsmann. Dann brauche ich ja auch kein Gedicht aufzusagen. Aber den Sack mit den Geschenken, den lass man hier!«

Etwas ganz Neues!

Die kleine 5-jährige Antonia sitzt auf dem Fußboden und besieht Weihnachtsmänner in einem Bilderbuch.
Alle haben einen weißen Bart, tragen rote Kapuzenmäntel und fahren in einem großen Schlitten, der von Hirschen oder Rentieren gezogen wird. Einer in einem prunkvollen, goldenen Schlitten fährt sogar vierspännig. Einer geht zu Fuß und trägt einen kleinen Weihnachtsbaum über der Schulter.
Nachdenklich schiebt Antonia das Buch zur Seite.
Plötzlich springt sie auf und rennt zu ihrer Mutter. Die näht gerade neue Kleider für Antonias Puppe. Schnell versteckt die Mutti ihr Nähzeug.
»Mutti«, ruft Antonia aufgeregt, »du bist doch die Klügste. Oder sagen wir – fast!«
»Was möchtest du denn wissen?« fragt die Mutter.
»Kannst du mir mal sagen, warum es nur Weihnachtsmänner gibt und keine Weihnachtsfrauen?«
»Nun, darüber habe ich noch nie nachgedacht. Vielleicht, weil Frauen keinen langen Bart haben?«
»Als Weihnachtsfrau brauchen sie doch keinen so ollen weißen, langen Bart!«
»Frauen sind aber auch nicht stark genug, um Weihnachtsbäume zu schleppen und wilde Hirsche zu lenken, die ihre Schlitten mit den vielen Paketen ziehen.«
»Weihnachtsfrauen könnten doch einen Esel nehmen, der alle Pakete trägt. So wie Papa das auch immer muss! Dazu muss er auch noch immer alles bezahlen«, sagt Antonia.
»Ja«, findet die Mutter. »Im Zuge der Gleichberechtigung sollte man das wirklich mal ändern.«
»Frauen sind auch noch viel schöner als Männer!« ruft Antonia. »Mutti, dann könntest du doch die erste Weihnachtsfrau sein!«
Die Mutter lacht. »Na ja, ich kann es ja mal versuchen. Ich glaube, es würde mir Spaß machen!«
Plötzlich hören sie Schritte. Der Papa kommt heim.

Freudestrahlend läuft Antonia ihm entgegen.
»Papa – ich weiß was ganz Neues! – Wir haben jetzt eine Weihnachtsfrau! Die einzige und schönste Weihnachtsfrau der Welt!«
»Das ist ja prima! Und wo kann man so eine Weihnachtsfrau haben?«
»Sie ist nebenan und näht gerade einen Knopf an deine Hose. Sie braucht jetzt nur noch einen Esel, der ihr die Pakete trägt!«

Der Weihnachtsmann spricht

Hallo, liebe Kinder, gleich ist es soweit!
Gleich könnt ihr alle euch freu'n.
Mein großer Sack steht hier bereit.
Ihr wollt wissen, was drinnen mag sein?

Erst möchte ich noch wissen,
ob ihr auch fleißig gewesen
und ob ihr wart gehorsam auch.
Auch möchte ich erst euer Zeugnis lesen.

Habt ihr auch genascht oder gar gelogen?
Und helft ihr der Mutti auch mal im Haus?
Denn nur für Kinder, die ungezogen,
hole ich meine Rute raus.

Ich denke, ich kann sie heut entbehren.
Ich hoffe, dass ihr alle artig seid.
Doch erst möcht ich ein Lied noch hören.
Und dann, liebe Kinder, ist es soweit.

Doch halt – wer könnt wohl ein Gedicht noch sagen?
Ich habe bis jetzt noch keines gehört.
Der als Erster es wird wagen,
wird von mir auch zuerst beschert.

Weihnachtsmann auf Reisen

Es schneit, draußen ist es kalt und nass!
Da macht das Reisen keinen Spaß!
Und doch – dem lieben guten Weihnachtsmann
macht es nichts aus. – Er zieht warm sich an
und jagt von Tür zu Tür, von Haus zu Haus,
packt überall seine Geschenke aus,
bei allen braven Kindern, groß und klein.
Niemand soll heut traurig sein!
Und doch – bei dem Wetter freut er sich sehr
wenn sein schwerer Sack ist leer.

Darum kann es heute auch gescheh'n,
dass er an eurer Tür wird ganz plötzlich steh'n.
Dann helft ihm, Kinder! Sagt ein Gedicht,
der Weihnachtsmann zeigt sein liebes Gesicht
und schüttet den ganzen Sack für euch aus
– und dann kann er endlich auch nach Haus.

Hallo, lieber Weihnachtsmann, komm nur herein!
Wir fürchten uns doch nicht!
Wir sitzen hier beim Kerzenschein
und warten schon auf dich!
Und weil wir alle artig sind,
steck deine Rute ein!
Pack lieber die Pakete aus – geschwind!
Was mag wohl drinnen sein?

Wir könnten erst ein Weihnachtslied noch singen,
dir, lieber Weihnachtsmann, zur Freud!
Aber dann woll'n wir mit der Bescherung beginnen.
Nun – lieber Weihnachtsmann, bist du bereit?

Christkindchen, komm in unser Haus,
leer' deine großen Taschen aus,
stell deinen Schimmel untern Tisch,
dass er Heu und Hafer frisst.
Heu und Hafer frisst er nicht???
Zuckerbrezel kriegt er nicht!

Der Weihnachtsmann

»Findet er denn den Weg aus der dunklen Ferne?«
Das habe ich meine Mutti gefragt.
»Sterne leuchten ihm aus weiter Ferne«,
hat sie da zu mir gesagt.

Sicher kommst du, lieber Weihnachtsmann,
mit deinem großen Schlitten an.
Ich weiß, dein Weg ist ziemlich weit,
hoffentlich verpasst du nicht die Zeit!

Aus dem Tagebuch des 11-jährigen Thomas

20. Dezember – vier Tage vor Weihnachten
Gestern mit Stefanie Wohnung durchsucht – Schwestern sind manchmal doch ganz nützlich. Mama war einkaufen, Papa zur Arbeit. Stefanie kriegt Rollschuhe und Armbanduhr. Ich kriege Skier und Fußball. – Ganz anständig von den Alten. Werden so tun, als wüssten wir nichts. – Wegen Überraschung!
Letzte Rechenarbeit: eine Fünf. Große Sch ... Werde nichts sagen zu Hause – stört nur Weihnachtsfrieden.
Papa beim Abendessen wieder Vortrag gehalten, wie es früher war:

»Bei uns gab es zu Weihnachten nur Mütze, Schal, Mensch ärgere dich nicht und Honigkuchenmann.«
Ich sage nur: Angeber!
Mit Steffi beraten – was Mama schenken? Papa kriegt Papierkorb. Wünscht sich selbst gebastelten. – Blödsinn. Kriegt gekauften. Sieht genau so aus! und – kostet nur 6 Mark 50!
Soll Papa Weihnachtsfreude machen: Sein Auto waschen! Er selbst drückt sich! – Immer dasselbe –
Möchte auch gern erwachen sein.

21. Dezember – noch drei Tage bis Weihnachten

Das war ein blöder Tag!!
Musste mit Papa Tannenbaum kaufen. In 10 Minuten hatten wir einen gefunden.
War aber nicht richtig! Mama und Tante Bertha gemeckert: »Der ist ja viel zu lütt und schon ganz krumm. Und denn hat er ja nicht mal 'n Fuß! Los – den tauscht ihr sofort wieder um!«
Ich fand den Baum schön!!
Aber es nützte nichts – wir mussten wieder los!
Da hat uns eine alte Tussi einen Riesenbaum angedreht!
Kaum waren wir in der Tür, schimpfte Oma los (sonst ist sie immer ganz lieb!): »Wo sollen wir denn mit so 'n Riesendings hin! Der geht ja bis an die Decke!«
Frauen sind manchmal zickig! – Möchte nie heiraten! Papa war sauer! Schimpfte: »Weiber!!! – Euch werd ichs zeigen!«
Ohrfeige von Papa. Krippe auf Kleiderschrank mit Zwille beschossen – Kopf von Josef ab. Soll vom Taschengeld neuen Josef kaufen. Mist, gerade vor Weihnachten.
Was Mama schenken? – Vielleicht Topflappen? Hat sie aber schon!
Mütter sind schwierig – Weihnachten!

22. Dezember – übermorgen ist Weihnachten

Früh aufgestanden! Baum wieder zurückgebracht. Erst zwei Stunden in Papas Stammkneipe gesessen. Halbes Hähnchen gekriegt und Sprudel und Kaugummi.
Papa fünf Bier getrunken – mitgezählt. Soll nichts Mama sagen.
Ehrensache!
Dann wieder zum Tannenbaumstand.
Nun hat Papa den Baum wiedergeholt, mit dem sie uns zuerst weggeschickt hatten. Diesmal aber mit Fuß! Das war clever!
Zu Hause haben Oma und Tante Bertha den Papa umarmt und gesäuselt:
»Ist das aber ein schöner Baum! So 'nen Baum hatten wir noch nie!
Warum nicht gleich so? War das nicht der Mühe wert, lieber Paul?«
Papa hat gelacht und Psst gemacht!.
Ja, auch Erwachsene können manchmal ganz schön doof sein!

23. Dezember morgen, morgen ist es so weit!

Ohrfeige von Papa. Ins Klassenbuch eingetragen. Wegen nix! Nur mit Peter und Max Fensterscheibe eingeschmissen. Papa war sauer! Versteht keinen Spaß!
Was Mama schenken? Hats verdient! Nach Ohrfeige von Papa mir heimlich Kekse zugesteckt. Prima Frau!
Papa knurrt rum. Tante Luise hat geschrieben. Will Weihnachten kommen! Hörte, wie Papa von »Ziege« sprach und Mama Psst machte. Wegen uns – albern! Wissen doch, wer gemeint ist.
Spekulatius genascht. Fünf Stück! – Erwischt – aber nur von Mama. Papa hätte gleich gebrüllt. Nascht aber selbst. Vor allem Aufschnitt. Deshalb auch so dick! Stöhnt immer beim Schuhe-Zumachen. Will früher Fußballer gewesen sein. Mittelstürmer! – War wohl Platzwart!
Was Mama schenken? – Habe nur zehn Mark.
Wenn ich groß bin, kriegt Mama ein Auto von mir!
Thomas

Das Brausebad

Seelenvergnügt in der Badewanne
sitzt unsre kleine blonde Susanne,
schäkert und spritzt und planscht wie im Meer.
Eine ganze Sintflut um sich her!
Mama wird schön böse sein!
»Na, warte du Schlingel!«
Surr, geht draußen die Klingel.
»Je,« sagt Mama, »es klingelt auch grade
immer, während ich Suschen bade!
Sei ganz lieb jetzt, mein Herzblatt! – Ja?
Gleich ist die Mutti wieder da.
Und fass mir oben den Griff nicht an!
Das ist die Glocke zum Weihnachtsmann!
Die hängt von der Decke in dicken Schnüren,
da darf beileibe kein Kind dran rühren.«

Sie geht. – Und Susi, die jetzt allein ist,
wäscht ihre Seife, bis sie ganz klein ist.
Zieht das Badelaken vom Tisch herunter
und schleift es durch alle Pfützen munter.
Aber schließlich wird ihr die Sache zu dumm.
Sie dreht sich energisch zur Türe um:
»Mutti, Muttchen, du sollst gleich kommen.
Susi hat nun genug geschwommen!«
Alles bleibt still! – Und über ihr
hängt der blitzblanke Griff und zwinkert zu ihr.
Und Susi denkt: Wenn sie nur einmal
ein kleines bisschen dran zieht,
ob der Weihnachtsmann wohl durch die Türritze sieht?
Dann könnte sie ihm Bescheid gleich sagen
von wegen dem Ball und dem Puppenwagen.

Sachte, ganz sachte steht sie auf.
Langt mit den dicken Patschern hinauf,
fasst an der Schnur – und da – und da –
denkt euch, ihr Leute, was da geschah!
Es tröpfelt, es rieselt, es plätschert, es braust!
Es strömt, es quillt, es zischt und saust.
Hu – und so viel! Hu – und so kalt!
Suschen brüllt, dass es häuserweit schallt!
Mama kommt gestürzt, Mama kommt geflogen!
Suschen, oh weh, hat die Brause gezogen!
Sitzt in der Wanne – zu Tode erschrocken.
Wasser im Näschen, im Ohr und in den Locken.
Schluchzt, während sie in Tränen zerfließt:

»Der Weihnachtsmann hat mich mit Wasser begießt!
Und ich hatte doch bloß so ganz leise geschellt
und mir was bei ihm bestellt!«

Lieber guter Weihnachtsmann,
schenk mir einen Kuchenmann,
nicht zu groß und nicht zu klein,
ich will auch immer artig sein.
Gibst du mir einen kleinen,
fang ich an zu weinen.

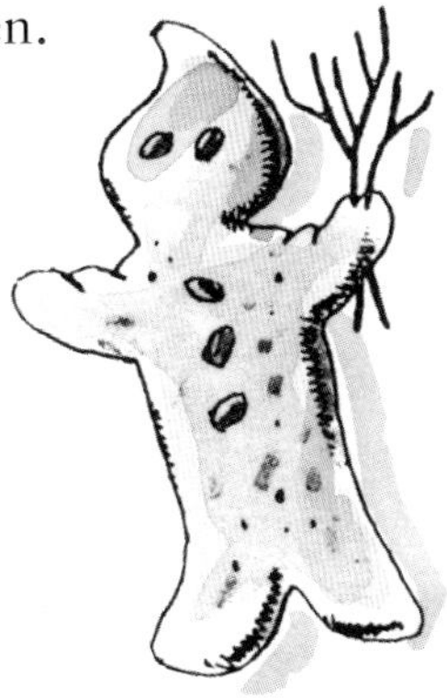

Ich bin zwar nur ein kleiner Mann,
doch weiß ich, was ich will.
Und wenn ich nicht mehr weiter kann,
dann bin ich einfach still.
Jetzt hab ich leider keine Zeit,
denn Weihnachten ist heut!

Brief an das Christkind

Ich wünsche mir zum Heiligen Christ
einen Kopf, der keine Vokabeln vergisst,
einen Fußball, der keine Scheiben zerschmeißt,
und eine Hose, die nie zerreißt!

Ich wünsche mir zum Heiligen Christ
eine Oma, die nie ihre Brille vergisst,
einen Nachbarn, der unser Spielen nicht stört –
und einen Wecker, den niemand hört.

Ich wünsche mir zum Heiligen Christ
eine Schule, die immer geschlossen ist,
eine Mutter, die keine Fragen stellt
und einen Freund, der die Klappe hält.

Doch weil ich das alles nicht kriegen kann,
überlass ich die Sache dem Weihnachtsmann.
Erika Wildgruber-Ulrici

Weihnachten zu Hause

In der Schule mussten die Kinder einen Aufsatz zu diesem Thema schreiben. Der zehnjährige Moritz schrieb so:

Mein Papa ist der liebste und beste Papa von der Welt! Er ist auch mein bester Freund.

Meine Mama wohnt nicht mehr bei uns, sie hat jetzt einen anderen Ehemann. Zuerst war ich ganz traurig. Mama und Papa haben sich wohl oft geküsst, aber auch viel miteinander gestritten. Und das war nicht schön!

Warum ist das so?
Manchmal verstehe ich die Erwachsenen einfach nicht!
Ich habe noch einen Bruder. Der heißt Max. Weil ich Moritz heiße, sind wir also »Max und Moritz«. Und das verpflichtet! Max ist wohl zwei Jahre älter als ich, aber ich bin fast so groß und stark wie er. Und darum habe ich auch oft Probleme mit Papa. Warum sagt er z. B. immer »Kleiner« zu mir?
Nun leben wir mit unserem Papa allein. Das ist aber nicht weiter schlimm. Papa ist ein toller Kumpel und ein guter Hausmann. Er kocht zwar immer das Gleiche, aber sonst klappt es ganz gut mit uns.
Aber Weihnachten habe ich mich richtig über ihn geärgert! Diese Ungerechtigkeit!
Wir mussten vor Weihnachten extra einen Wunschzettel schreiben. Eigentlich Quatsch! Aber er will das so. Ich hatte mir einen Computer gewünscht und Max ein neues Fahrrad.
Und was passierte?
Max bekam den Computer und ich das Fahrrad!
Papa kann doch wohl lesen! Soll er doch besser aufpassen! Oder meint er, dass ich – weil ich fünf cm kleiner bin als Max – für einen Computer zu dumm bin?
Nachdem wir erst gemault und geweint haben und Papa sich für seinen Fehler entschuldigt hatte, haben wir nachgegeben und unsere Geschenke getauscht. So bekam doch jeder das, was er sich gewünscht hatte.
Aber – Strafe muss sein! Dafür musste Papa uns noch einen Geldschein geben, mit dem wir uns zusätzlich noch einen Wunsch erfüllen können.
Aber dann kam der große Knüller!
Als wir gegessen und noch zweimal »Mensch, ärgere dich nicht!« gespielt hatten (das ist bei uns Weihnachten immer so üblich!), schickte er uns ins Bett.
Und was machte der Papa? Obgleich er keine Ahnung von Technik hat, spielte er doch tatsächlich noch mit meinem Computer!! Das wollte er ja nur! Und das tat er auch noch am nächsten Tag!
Mann, war ich sauer!

Nun musste etwas geschehen. Strafe muss sein! Am Tag nach Weihnachten haben wir dem Papa noch einen Streich gespielt, wie die anderen »Max und Moritz«, die jeder kennt. Weil er immer so eitel ist, haben wir ihm sein Rasierzeug, auch das scheußliche Rasierwasser, weggenommen. Seinen Autoschlüssel haben wir im Kühlschrank und seine Brieftasche in der Waschmaschine versteckt. Aus seinem Fahrrad haben wir die Luft rausgelassen!
Nun musste er zu Fuß zur Arbeit gehen und konnte sich auch kein Taxi bestellen. Diese Blamage!
Immerhin ist er so etwas wie ein »Geschäftsführer«.
Ich fand es toll von ihm, dass er nicht einmal geschimpft, sondern sogar gelacht hat.
Aber schließlich dürfen Väter sich doch auch nicht alles erlauben, oder? Hatte er nicht seine Strafe verdient?
Und doch:
Der Papa ist und bleibt für uns der allerbeste Papa auf der Welt. So ein allein erziehender Vater hat es nicht immer leicht. Zumal wenn man uns, Max und Moritz, ertragen muss. Wir werden darum auch versuchen, für ihn eine neue Frau und für uns eine liebe Mutti zu finden.
Das wäre unser größter Wunsch!
Es muss ja nicht unbedingt ein Weihnachtsgeschenk sein!
Das meinen *Max und Moritz*.

Ich bin ein Weihnachtsmann in Nöten.
So manches kann den Nerv mir töten!
Wie soll ich nur bei diesen Preisen
Zu all den lieben Kindern reisen?
Alles wird teurer, ganz gleich, was es ist!
Wenn ich alter Mann nur wüsst,
wie das soll weiter geh'n.
Ich kann die heutige Zeit nicht versteh'n.
Das Verteilen der Geschenke fällt mir so schwer.

Wo nehm ich nur Schlitten und Rentier her?
Vierbeinige Esel werden jetzt auch knapp.
Und immer das Laufen bergauf und bergab!
So schnell komm ich jetzt ins Schnaufen.
Sollte ich gar noch ein Auto kauen?
Bei dem Benzinpreis ist das nicht zu schaffen.
Ich werde mich wohl doch zu Fuß aufraffen.
Mir bleibt nichts übrig, ich muss mir morgen
ein Paar Rollschuhe oder Skateboards besorgen.
Dann komm ich zu euch wie immer geschwind,
rase um die Ecken wie der Wind!
Doch inzwischen sind die Wünsche der Kinder so groß!
Da brauch ich ein Fahrzeug. Was mach ich bloß?
Ich glaub, ich bleib dies Jahr ruhig zu Haus,
ruhe mich mal so richtig aus,
und kommt dann für mich eine bessere Zeit,
komm ich nächstes Jahr wieder – das verspreche ich heut!

Der Stern

Hätt einer auch fast mehr Verstand
Als wie die drei Weisen aus Morgenland,
und ließe sich dünken, er wäre wohl nie
dem Sternlein nachgereist wie sie –
dennoch, wenn nun das Weihnachtsfest
seine Lichtlein wonniglich scheinen lässt,
fällt auch auf sein verständig Gesicht,
er mag es merken oder nicht,
ein freundlicher Strahl
des Wundersternes von dazumal.
Theodor Storm

Essen und Trinken zu Weihnachten

Auf keinen Fall dürfen wir vergessen
wie wichtig an den Feiertagen ist das Essen!
Jeder bringt vor seinen speziellen Wunsch.
Bekommt er es nicht, dann zieht er 'nen Flunsch!

Die Weihnachtsgans

Tiefgefroren in der Truhe
liegt die Gans aus Dänemark.
Vorläufig lässt man in Ruhe
sie in ihrem weißen Sarg.

Ohne Bein, Kopf und Gekröse
ruht sie neben dem Spinat.
Ob sie wohl ein bisschen böse
ist, dass man sie schlachten tat?

Oder ist es doch zu kalt ihr?
Man sieht's an der Gänsehaut ...
Nun, sie wird bestimmt nicht alt hier:
Morgen wird sie aufgetaut.

Hm, welch Duft zieht aus dem Herde
durch die ganze Wohnung dann!
Macht, dass gut der Braten werde,
morgen kommt der Weihnachtsmann!
Heinz Erhardt

Plätzchen backen

Hallo, liebe Mutti, mach den Backofen an!
Bald kommt doch der Weihnachtsmann!
Dann müssen die Plätzchen fertig sein.
Grad deine schmecken immer so fein!
Zum Helfen sind wir Kinder gerne bereit,
dann hast du auch für uns mehr Zeit.
Du weißt, mir macht das Kuchenbacken so viel Spaß!
Doch eins wünsch ich mir – und weißt du was?
Wir backen einen Weihnachtsmann aus Kuchenteig.
Nach einer Vorlage aus Pappe ist das ganz leicht
Erst kneten wir den Teig – dann stechen wir ihn aus
und backen dann gleich noch ein Knusperhaus.

Ach, komm doch, liebe Mutti, lass uns gleich beginnen.
Wie schön wärs, wenn wir dabei noch singen!
Wenn dann der Duft der Plätzchen zieht durchs Haus,
dann kommt bestimmt der liebe Nikolaus.
Darf er dann auch deine Plätzchen mal schmecken?
Wird er uns dafür auch was in den Stiefel stecken?

Noch eins, liebe Mutti, lass dich überraschen,
ich werde bestimmt nicht wieder so viel naschen!

Weihnachten gibt es viel zu tun!

Weihnachten ist wohl die schönste Zeit!
Ein paar Tage noch, dann ist es so weit!
Viele Dinge gibt es jetzt zu tun!
Noch hat keiner Zeit, sich auszuruh'n.

Schon Wochen vor dem Fest muss man laufen,
um Geschenke für die Lieben zu kaufen.
Dann beginnt die große Qual der Wahl.
Ja, was schenkt man allemal?

Hat man endlich die Geschenke beisamm',
ist die Essensfrage dran.
Gänse – Enten – Putenbraten
ist der Mutti immer gut geraten.

Oder sollte es mal ein Wildbraten sein?
Mit Kartoffelklößen schmeckt er fein!
Essen wir Würstchen und Kartoffelsalat,
damit Mutti nicht soviel Arbeit hat?

Auf alle Fälle zum Essen ein Gläschen Wein,
das muss zum Weihnachtsabend schon sein!
Ist es mit dem Tannenbaumkauf dann soweit,
hat – wie immer – keiner Zeit!

Keiner will den Baum besorgen,
schiebt den Einkauf stets auf morgen.
Dann sind aber die schönsten Bäume alle!
Und wie schmückt man ihn schön – in diesem Falle?

Bei undichten Stellen durch fehlende Äste
ist wohl Lametta und Engelshaar das Beste.
Doch – so ein Pech – es ist nichts mehr da,
alles wurde entsorgt im letzten Jahr!

Auch Kerzen fehlen noch – ach, du Schreck!
Sogar die elektrischen Kerzen sind weg!
Aber wo können wir jetzt noch welche kaufen?
Wir sind überall herumgelaufen.

Enttäuschung und Ärger waren groß!
Keine Kerzen? – Was machen wir bloß?
Dort – im Schaufenster gingen Lichter an und aus!
Aus Gefälligkeit nahm man sie für uns raus.

Nun gab uns die Lichterkette fröhliches Licht.
An – aus, und an – aus, das vergessen wir nicht!
Der Ärger war verflogen! – Wie konnt es anders sein!!
Wir konnten uns nur noch von Herzen freu'n!

Das Festessen

Was so passieren kann!

Zum Weihnachtsabend gehört auch ein festliches Essen.
Doch – was damit so passieren kann! Wahre Katastrophen! An manche kann ich mich noch gut erinnern:

Fall 1: Unsere Mutter konnte immer so leckeren Kuchen backen. Besonders die weißen, braunen, Schmalz- und Nussplätzchen. Nicht nur die Familie – nein, auch viele Freunde, Nachbarn, der Postbote, die Zeitungsfrau und alle hilfsbereiten Menschen freuten sich auf eine Kostprobe. Darum war Mutti vollkommen

aufgelöst, als sie einmal statt Zucker – Salz in den Teig gegeben hatte.
Was da los war, kann sich wohl jeder vorstellen!
Übrigens ist mir das ausgerechnet auch mal Weihnachten mit einem Obstsalat passiert! – Gittigitt, haben wir da gespuckt!

Fall 2: Am letzten Heiligabend sollte es als Festessen Fisch geben.
Wie üblich, hatte unser Vater rechtzeitig einen lebenden Karpfen besorgt. Bis Heiligabend musste er noch in der großen Badewanne schwimmen. Dann erst sollte er geschlachtet werden.
Man sagt ja: Fisch muss immer ganz frisch sein!
Als sein Todesurteil gesprochen wurde, gab es aber ein Problem! Niemand konnte (oder wollte) das Tier schlachten. Somit war sein Leben zunächst gerettet.
Und wir mussten uns mit einem Schinkenbrot begnügen!
So schwamm unser Karpfen auch Silvester noch in der Badewanne herum. Und gerade zum neuen Jahr wollten wir alle doch baden! Zum Glück hat dann unser Nachbar sich angeboten, das Tier zu schlachten!
So kamen wir wenigsten Silvester noch zu unserem Karpfenessen!

Fall 3: Wir hatten selbst einen kleinen Geflügelhof!
Einmal ging es um einen Gänsebraten.
Wochenlang wurde unsere Gans für Weihnachten extra gemästet. Jeder freute sich schon auf einen leckeren Gänsebraten! Nicht das Wasser – sondern das Fett lief uns schon im Mund zusammen!
Unsere Gans – sie hieß übrigens »Berta« – war uns als Haustier aber so ans Herz gewachsen, dass niemand sie schlachten konnte. Nicht einmal der Nachbar, dem sie auch immer nachgelaufen kam. Es war gut, dass unsere Mutter wenigstens noch eine Dose Würstchen im Schrank hatte. –

Unsere Rettung! Ich weiß nur noch, dass unsere Gans später ihr Gnadenbrot bekommen hat!

Fall 4: Einmal sollte es als Festessen einen Putenbraten geben. Eine große Pute lag schon lange eingefroren im Gefrierschrank. Und wieder gab es eine Panne! Meine Mutter hatte vergessen, das große Vieh aufzutauen. Ja, und das dauert so seine Zeit!
Da gabs dann kein Schimpfen und Klagen, sondern erst am zweiten Feiertag gab es den köstlichen Braten.

Die Weihnachtsmaus

Die Weihnachtsmaus ist sonderbar, sogar für die Gelehrten,
denn einmal nur im ganzen Jahr entdeckt man ihre Fährten.
Mit Fallen oder Rattengift kann man die Maus nicht fangen.
Sie ist, was diesen Punkt betrifft, noch nie ins Garn gegangen.
Das ganze Jahr macht diese Maus den Menschen keine Plage,
doch plötzlich aus dem Loch heraus kriecht sie am Weihnachtstage.
Zum Beispiel war vom Festgebäck, das Mutter gut verborgen,
mit einem Mal das Beste weg am ersten Weihnachtsmorgen.
Da sagte jeder rundheraus: »Ich hab es nicht genommen!
Es war bestimmt die Weihnachtsmaus, die über Nacht gekommen.«
Ein and’res Mal verschwand sogar das Marzipan vom Peter,
was seltsam und erstaunlich war. Denn niemand fand es später.
Der Christian rief rundheraus: »Ich hab es nicht genommen!
Es war bestimmt die Weihnachtsmaus, die über Nacht gekommen.«
Ein drittes Mal verschwand vom Baum, an dem die Kugeln hingen
Ein Weihnachtsmann aus Eierschaum nebst andren leck’ren Dingen.
Die Nelly sagte rundheraus: »Ich hab es nicht genommen!
Es war bestimmt die Weihnachtsmaus, die über Nacht gekommen.«
Und Ernst und Hans und der Papa, die riefen: »Welche Plage!
Die böse Maus ist wieder da, und just am Feiertage!«

Nur Mutter sprach kein Klagewort. Sie sagte unumwunden:
»Sind erst die Süßigkeiten fort, ist auch die Maus verschwunden!«
Und wirklich wahr: Die Maus blieb weg, sobald der Baum geleert war,
sobald das letzte Festgebäck gegessen und verzehrt war.
Sagt jemand nun, bei ihm zu Haus, bei Anna oder Lieschen,
da geb es keine Weihnachtsmaus – dann zweifle ich ein bisschen!
Doch sag‘ ich nichts, was jemand kränkt! Das könnte euch so passen!
Was man von Weihnachtsmäusen denkt, bleibt jedem überlassen!
James Krüss

Nun, das ist die Geschichte von der Weihnachtsmaus.
Die lief ja noch ganz friedlich aus.
Doch dazu möchte ich noch erzählen,
dass auch Eltern können fehlen.
Sie sind nicht immer brave Engel!
Auch Väter sind oft »ungezogene Bengel«.

Wir hatten zu Haus einen Vater, der gern naschte.
Also – einen »Naschkater«, den ich mal überraschte,
als er sich vom Baum einen Kringel nahm
und – als dann unsere Mutter kam -
mit total unschuldigem Gesicht
treuherzig sagte: »Ich war es nicht.«

Ja, Väter sind auch nicht immer »ganz ohne«!
Wobei ich aber noch betone:
Leid tat er mir doch, unser lieber Papa,
denn was am Baum hängt, ist doch zum Naschen da!

Hausputz zum Fest!

Wie es so üblich, gehört auch das »Reinemachen«
von jeher – und besonders – zu Weihnachten!
Kurz vor dem Fest fängt das Putzen an,
denn schließlich kommt der Weihnachtsmann.
Und nicht nur er – nein, meist auch Verwandte,
vielleicht auch gute Freunde und Bekannte.
Jetzt soll alles tipptopp sauber und rein,
und die Gardinen müssen gewaschen sein!
So wird dann gescheuert mit Fleiß und Kraft!
Weihnachten selbst ist man total geschafft!

Doch dann – an diesem Heiligabend saßen wir allein
unterm geschmückten Tannenbaum beim Kerzenschein.
Unsere Gäste? Kurzfristig abgesagt!
Auch der Weihnachtsmann hatte sich beklagt,
er habe in diesem Jahr gar keine Zeit.
Er entschuldigte sich – es tue ihm leid.

Hätten wir nicht geputzt, das möcht ich garantieren,
wären alle gekommen, die Wohnung zu inspizieren.
Und wenn man die Dinge mal richtig betrachtet,
ist ein Reinmachefimmel doch wirklich verkehrt,
weil kaum jemand auf die Staubkörnchen achtet.
Und wenns einer doch tut? Der ist es nicht wert,
der soll wegbleiben und die Freude nicht trüben,
wenn wir Weihnachten feiern mit uns'ren Lieben.

Der Bratapfel

Kinder, kommt und ratet,
was im Ofen bratet!
Hört, wie's knallt und zischt!
Bald wird aufgetischt,
der Zipfel, der Zapfel,
der Kipfel, der Kapfel,
der gelbrote Apfel.

Kinder, laufet schneller,
holt euch einen Teller.
Holt eine Gabel!
Sperrt auf den Schnabel
Für den Zipfel, den Zapfel,
den Kipfel, den Kapfel,
den goldbraunen Apfel!

Sie pusten und prusten,
sie gucken und schlucken,
sie schnalzen und schmecken,
sie lecken und schlecken
den Zipfel, den Zapfel,
den Kipfel, den Kapfel,
den knusprigen Apfel!

Weihnachtszeit – Plätzchenzeit!

Natürlich gibt es Frauen, die kühl und höchst verständig argumentieren: Dieser ganze Aufwand an Zeit, Mühe und Unkosten lohne sich eigentlich gar nicht; da oder dort gebe es das allerfeinste Weihnachtsgebäck zu kaufen – gar nicht mal so teuer –, und das schmecke wie selbst gebacken. Mag sein. Aber Selbstbacken ist eben doch etwas grundlegend anderes, obwohl es einigermaßen schwerfällt zu erklären, wieso. Also wird vor Weihnachten gebacken!

Die Problematik dieses nicht zu unterschätzenden Unternehmens beginnt schon bei der Zeitwahl: Man will zwar in der Adventszeit ständig etwas vorzuweisen und anzubieten haben, trotzdem will man Weihnachten nicht vor nahezu leeren Behältnissen sitzen, in denen nur noch einige etwas stark gebackene Exemplare der weniger geliebten Traditionssorte übrig sind. Andererseits will man aber auch nicht bis zum Osterfest mit seinen Plätzchen hausieren gehen. Eigentlich braucht man über dies Problem nicht allzu lange nachzudenken. Denn: Wie man es auch macht, man macht es immer falsch, richtig auskommen wird der Vorrat nie. So ist man meist zu einer Zweitauflage verdammt, genau zu der Zeit, in der man ohnehin mit dem großen Weihnachtsendspurt beschäftigt ist.

Auch die Auswahl der Sorten stellt Probleme. Selbst sonst sehr reformfreudige, ja geradezu revolutionäre Typen halten es bei der Weihnachtsbäckerei mit geheiligten Traditionen. Manchmal bestehen sie sogar auf bestimmten Sorten von braunen Kuchen oder Pfeffernüssen, die schon die Großmutter in rauen Mengen fabriziert hat, die umständlich zuzubereiten sind und die eigentlich auch, trotz des dringenden Bedürfnisses nach ihnen, keiner so recht essen will. (Im Vertrauen gesagt, alle Hunde lieben sie leidenschaftlich, und wenn sie sie gegen März krachend zwischen ihren Zähnen verschwinden lassen, halten sie sie wohl für eine Art süßer Knochen.)

Manche Plätzchen sind rechte Kunstwerke mit mehreren Fabrikationsgängen. Sie ruhen auf Oblaten, bekommen feine Füllungen, werden in künstlichen Mustern aus mehrerlei Teig hergestellt und aufs Herrlichste verziert, bekommen Schokoladen- und Zuckerguss, kandierte Früchte und andere Köstlichkeiten obenauf, ja, man arbeitet malerisch und bildhauerisch an ihnen. Oft ist es einfach ein Jammer, dass diese Kunstwerke gebacken werden müssen, denn erfahrungsgemäß verlieren sie dabei meist. Es ist später auch ein Jammer für die Künstlerin, ihr Werk – unter Umständen gar gleichzeitig mit einer eher als Massenware zu bezeichnenden Schöpfung – ohne jede Hochachtung in irgendeinem Mund verschwinden zu sehen.

Übrigens ist den ganz großen Kunstwerken in Gestalt von künstlerisch modellierten, mit Bonbons und Zuckerwerk üppig gekleideten und gekrönten Pfefferkuchenmännern und -tieren oft ein anderes Los beschieden. Da sie viel zu schade zum Aufessen sind, verstauben sie über Jahre hinweg irgendwo. Glücklich ist diejenige zu schätzen, deren Angehörige ganz andere Plätzchen als die komplizierten Exemplare lieben: Makronen etwa, Nussstangen oder Heidesand. Da läuft doch die Fabrikation schnell und unkompliziert, und wenn nicht gerade die Mandelmühle beim Mahlen immer von der Tischfläche abrutscht, die Heidesandrollen Nebenluft haben und der Nussstangenteig so fest ist, dass nur ein Athlet ihn durch die Kuchenspritze pressen kann, so schafft man beträchtliche Mengen in recht kurzer Frist.

Hat man aber beim Backen kleine Zuschauer, so schätzen die zwar den Teig der eben genannten Sorten zum Probieren, genießen aber erst die richtige Weihnachtsbackfreude, wenn es etwas auszurollen und auszustechen gibt. Am liebsten übernehmen sie die Sache eigenhändig, was für jeden, der das mitgemacht hat, eine große Hilfe ist. Es wird langsam und bedächtig gearbeitet, schön dick ausgerollt, möglichst verschiedene Motive werden möglichst weit auseinander platziert, und man versucht gar, den geliebten Onkel in Teig zu gestalten. Wenn aber dann der Onkel bis zur Unkenntlichkeit zerläuft, gibt es Tränen der Wut und des Schmerzes zu stillen. Und neben all diesem gilt es, den Backofen immer wieder pünktlich zu leeren und mit neuen vollen Backblechen zu beschicken. Wie man weiß, nimmt Ausrollteig nahezu nie ein Ende, weil es immer die Reste auszurollen gibt. Das Backmaterial in Kinderhand nimmt dabei leicht eine etwas ins Grau gehende Färbung an. Auch hier erweist sich ein Hund als nützlich.

Falls Sie es übrigens noch nicht bemerkt haben: Ich bin eine leidenschaftliche Anhängerin der Weihnachtsbäckerei!

Heilwig von der Mehden

Der alternative Weihnachtsmann

Der Weihnachtsmann sagt: »Bitte sehr,
von drauß', vom Walde komm ich her!«
Bei der Begrüßung fällt mir ein:
Er wird doch wohl kein Grüner sein?
Der Weihnachtsmann alternativ?
Da schaut wohl mancher schräg und schief.
Dann wirds mit Zuckerleckerei'n
und Schaum und Schleck vorüber sein.
Dann gibt es nichts aus Schokolade
und Marzipan. Doch ist das schade?
Die Äpfel, Nüsse lässt er gelten.
Lebkuchen sind wohl auch nicht selten,
doch sind sie ganz aus Roggenschrot.
Statt Stollen gibt es Knäckebrot
und statt Likör nur Birnensaft
und Quark statt Torte – das gibt Kraft!
Wir lebten alle ganz gesund
zum Christfest. Doch ich kenn den Grund,
warum wir nicht so gerne hören
von frischen Kräutern, rohen Möhren
zur Winterszeit und zu der Frist,
da uns der Herr geboren ist:
Das Darben wollen wir nicht verkündigen
– lieber alle so richtig »sündigen«!

Die Weihnachtsfreude

Warum immer nur dieses Hetzen und Jagen?
Schenk doch anderen mehr von deiner Zeit!
Wie oft hört man die Menschen klagen:
»Niemand ist mehr zum Reden bereit!«
Schau dich mal um – vielleicht wohnt nebenan
ganz nah so ein Mensch, und es könnte gescheh'n,
dass er deine Hilfe jetzt brauchen kann.
Dann spürst auch du: Zeit haben ist so schön!

Wisst ihr noch, wie es geschehen?
Immer werden wirs erzählen:
Wie wir einst den Stern gesehen
mitten in der dunklen Nacht.

Stille war es um die Herde.
Und auf einmal war ein Leuchten
und ein Singen ob der Erde,
dass das Kind geboren sei!

Eilte jeder, dass ers sehe
arm in einer Krippe liegen.
Und wir fühlten Gottes Nähe.
Und wir beteten es an.

Könige aus Morgenlanden
kamen reich und hoch geritten,
dass sie auch das Kindlein fanden.
Und sie beteten es an.

Und es sang aus Himmelshallen:
Ehr' sei Gott! Auf Erden Frieden!
Allen Menschen Wohlgefallen,
welche guten Willens sind!

Immer werden wirs erzählen,
wie das Wunder einst geschehen
und wie wir den Stern gesehen
mitten in der dunklen Nacht.

Wenn ich ein Kind noch wär!

Wenn ich mir mal was wünschen könnt‘,
ich wünschte mir so sehr,
dass ich einmal so flink und behänd
wie ein kleines Kind noch wär!

Wie einst Heiligabend, so zündet’ ich dann
vorsichtig Licht um Licht
an unserem großen Tannenbaum an.
’s war immer so schön! Das vergisst man nicht!

Seh ich heut einen Weihnachtsbaum,
dann wird mir immer froh zu Mut.
Ich sehe alles wie im Traum
und denk – es wird schon alles gut!

Auch ist die Freude riesengroß,
hör ich ein Knistern und Klingen,
wenn ich, mit dem Enkel auf dem Schoß,
kann noch die alten Lieder singen.

Hör ichs dann draußen klopfen,
denk ich so gern daran,
wie einst meine Kinder lustig hopsten,
wenn endlich kam der Weihnachtsmann.

Dann seh ich den Enkeln beim Spielen zu,
bin froh, wenn ihre Wünsche in Erfüllung gehn.
Ich gönn mir jetzt einfach ein bisschen mehr Ruh
und denke: Weihnachten ist immer schön!

Die lustige Weihnacht

Heute tanzen alle Sterne,
und der Mond ist blank geputzt.
Petrus in der Himmelsferne
hat sich seinen Bart gestutzt.

Überall erklingt Geläute,
fröhlich schmückt sich groß und klein,
und die Heiligen tragen heute
ihren Sonntags-Heiligenschein.

Es ertönen tausend Flöten,
tausend Kerzen geben Glanz,
und die würdigen Kometen
wedeln lustig mit dem Schwanz.

Hinterm Zaun im Paradiese,
gar nicht weit vom Himmelstor,
musiziert auf einer Wiese
auch der Engelskinderchor.

Ihre roten Tröpfelnasen
putzen sich die Kleinen schnell,
und dann singen sie und blasen
auf Fanfaren, silberhell.

Jedes Jahr um diese Stunde
singen sie nach altem Brauch.
Alle Sterne in der Runde
lauschen – und die Menschen auch.

Manchmal aber, leise, leise,
wird der Chor der Engel stumm,
und im ganzen Erdenkreise
geht ein sanftes Flüstern um.

Dann erscheinen sieben Schimmel.
Zärtlich ruft es »Hü und hott!«
Und gemächlich durch den Himmel
fährt daher der liebe Gott.

Da verstummen alle Lieder,
und die Engel machen fix
mit gefaltetem Gefieder
vor dem Herrgott einen Knicks.

Alle gold'nen Sternenherden
dreh'n sich still dazu im Tanz,
und im Himmel wie auf Erden
leuchtet Weihnachtskerzenglanz!

James Krüss

O schöne, herrliche Weihnachtszeit,
was bringst du Lust und Fröhlichkeit!
Wenn der heilige Christ in jedem Haus
teilt seine lieben Gaben aus.

Und ist das Häuschen noch so klein,
so kommt der heilige Christ hinein,
und alle sind ihm lieb wie die Seinen:
die Armen und Reichen, die Großen und
Kleinen.

Der heilige Christ an alle denkt.
Ein jedes wird von ihm beschenkt.
Drum lasst uns freu'n und dankbar sein!
Er denkt auch unser, mein und dein.
Heinrich Hoffmann von Fallersleben

Wieder ists Weihnacht, ihr sehnenden Herzen,
wieder die Tage der Freude im Leid.
Weichet, ihr Sorgen, und schwindet, ihr Schmerzen,
denn es ist Weihnacht. O selige Zeit!

Singet das »Ehre sei Gott!«, ihr Erlösten,
mit der lobpreisenden, oberen Schar!
Lasset das »Friede auf Erden!« euch trösten!
Jauchzt, dass der Höchste so gnädig uns war.

Schaut in die Zukunft mit seligem Hoffen,
wehrt den Gedanken der Trauer, der Pein.
Dankt, dass der Himmel in Liebe uns offen!
Feiert die Weihnacht mit Loben allein.

Weihnachten

Markt und Straßen steh'n verlassen,
still erleuchtet jedes Haus.
Sinnend geh ich durch die Gassen,
alles sieht so festlich aus.

An den Fenstern haben Frauen
buntes Spielzeug fromm geschmückt,
tausend Kindlein steh'n und schauen,
sind so wunderstill beglückt.

Und ich wand're aus den Mauern
bis hinaus ins freie Feld.
Hehres Glänzen, heil'ges Schauern!
Wie so weit und still die Welt!

Sterne hoch die Kreise schlingen.
Aus des Schnees Einsamkeit
steigts wie wunderbares Singen –
o du gnadenreiche Zeit!

Joseph Freiherr von Eichendorff

Weißt du noch?

Wohl jedes Jahr zur Weihnachtszeit
denk ich so gern zurück
an meine schöne Kinderzeit,
an eine Zeit voll Liebe und Glück.

Die schönsten Lieder haben wir gesungen.
Unsere Stimmen waren noch hell und rein!
Wie schön und zart haben sie geklungen!
Ach, könnt es noch einmal wie früher sein!

Wie schön wars dann auch, wenn Licht um Licht
am Weihnachtsbaume brannte nieder.
Ganz langsam, man bemerkte es nicht.
Ach, kämen die Stunden doch noch einmal wieder!

Auf einmal saßen wir im Schummern
ganz nah beieinander – ach, war das schön!
Und wenn die Lieder dann verstummten,
fiel es uns schwer, auseinander zu gehn.

Wir hatten so viel miteinander zu reden,
waren auch zum Zuhören immer bereit.
Ja, leider wird es sie kaum noch geben,
eine so besinnliche Weihnachtszeit!

Die Erinnerung kann uns niemand nehmen.
Und leben wir auch in ganz anderer Zeit:
Wir können neu Freude und Freundschaft erleben,
wenn wir zum Verstehen sind immer bereit.

Feste

Der Karpfen kocht, der Truthahn brät,
man sitzt im engsten Kreise
und singt vereint den ersten Vers
manch wohlvertrauter Weise.
Zum Beispiel »O du fröhliche«,
vom »Baum mit grünen Blättern« –
und aus so manchem Augenpaar
sieht man die Träne klettern.
Die Traurigkeit am Weihnachtsbaum
ist völlig unverständlich:
Man sollte lachen, fröhlich sein,
denn ER erschien doch endlich!

Zu Ostern – da wird jubiliert,
manch buntes Ei erworben!
Da lacht man gern – dabei ist ER
erst vorgestern gestorben …
Heinz Erhardt

Muss das heute so sein?

Gedanken einer Mutter zum Heiligabend

»Mutti, das ist heute nun mal so!« Diesen Satz hört man heute fast täglich von jungen Leuten.

Die Gegenfrage wäre: »Ja, warum muss das heute so sein?«

Ich gebe mir ja schon Mühe, die heutige Zeit zu verstehen. Nur während der Weihnachtstage ist wohl jeder – besonders der etwas ältere Mensch – ein wenig nachdenklicher, sensibel und empfindlicher. Jeder gönnt der Jugend doch von ganzem Herzen die fröhlichen Stunden mit den Freuden in der Disco. Aber!! Könnten die jungen Leute

nicht wenigstens am Heiligabend auf den Discobesuch verzichten und einmal bei der Familie bleiben?
Einmal im Jahr! Ist das zuviel verlangt?
Man kann sich den Abend doch auch zu Hause so schön machen, und die Eltern und Geschwister würden sich bestimmt freuen.
Für Jugendliche und Erwachsene, die ganz alleine leben, werden von Organisationen und Kirchenverbänden viele Möglichkeiten des Zusammenseins angeboten.
Und wenn die Jugendlichen sich auch Weihnachten gern mit Freunden treffen möchten, müssten doch auch der erste und zweite Feiertag ausreichen.
Bitte – ihr Jungen – denkt einmal darüber nach!
Möchtet ihr später, wenn ihr älter seid, am heiligen Abend wohl ohne eure Kinder sein?
Bitte entschuldigt, wenn ich meine Gedanken so offen dargelegt habe.
Sie belasten mich schon seit einer Ewigkeit.

Nach der Bescherung

Einen Heiligabend werde ich nicht vergessen.
Es war nach der Bescherung. Etwas später als gewöhnlich gingen wir alle ins Bett.
Unser Schlafzimmer lag neben dem Wohnzimmer. Plötzlich wurden wir durch ein lautes Gepolter aufgeschreckt!
Unser Tannenbaum war umgefallen! Als wir ins Zimmer kamen, lag der Baum mit seinem ganzen Behang an Kerzen, Kugeln, Süßigkeiten usw. auf dem Teppich!
Wir hoben alles auf und stiegen auf zwei Stühle, um ihn neu zu putzen.
Dabei muss ich erwähnen, dass nicht nur ich, sondern auch mein Mann (wie es damals so war!) ein langes weißes Nachthemd trug.
Inzwischen kamen unsere vier Kinder angelaufen, um zu sehen, was passiert war. Lachend sagte eines der Kinder: »Ihr seht jetzt aus wie die Weih-

nachtsengel! Aber ihr habt ja gar keine Flügel!«
Wir mussten alle so lachen, dass wir beinahe vom Stuhl gefallen wären. –
Es muss aber auch ein köstliches Bild gewesen sein!
Aber für die Kinder sind Eltern bestimmt auch nicht immer Engel!

Gedanken zum Heiligabend

Bitte denkt daran, dass nicht jeder am heiligen Abend mit seinen Lieben das Weihnachtsfest feiern kann.
Während wir hier Kerzen brennen,
feiern, singen, ein Festmahl schlemmen
und uns an schönen Geschenken erfreu'n,
müssen andere auf dem Posten sein.
Sie müssen arbeiten – können nicht ruh'n,
weil sie für uns eine Dienstleitung tun!
Jedes Jahr und immer sind sie für uns bereit –
auch in der stillen Weihnachtszeit!

Nur einige Berufe möchte ich nennen,
dann wird jeder selbst erkennen
wie viele davon sind unentbehrlich,
ja, ohne sie lebt der Mensch oft gefährlich.

(Ohne Reim gehts weiter!)

* Ärzte, Schwestern und Pfleger sorgen für die Kranken.
* Die Polizei und Feuerwehr ist immer im Dienst.
* Piloten fliegen hoch in die Lüfte.
* Matrosen und Seeleute sind mit ihren Schiffen auf dem Meer.
* Die Küstenwache hilft Menschen in Seenot.
* Busfahrer und Lokführer sind mit den Menschen auf Reisen.
* Straßenbahnfahrer fahren nach Plan.

* Schrankenwärter sorgen dafür, dass nichts passiert.
* Die Taxifahrer, Postboten, Zeitungsausträger haben zu tun.
* Techniker, Monteure, Kontrolleure und viele mehr müssen Betriebe überwachen.

Wahrscheinlich habe ich hier nicht alle genannt,
weil sie leider nicht alle sind bekannt.
Und – was könnte wohl alles gescheh'n
wenn sie nicht – auch an Feiertagen – ihren Dienst verseh'n?
Was wären wir Menschen bei Notfällen ohne sie?
Bitte vergesst ihre Leistungen nie!

Weihnachten allein?

Will man Liebe verschenken
soll man sie nicht auf sich selbst beschränken.
Lieben heißt – auch für den andern da zu sein.
Und – wenn dann noch obendrein
Vertrauen da ist – und Verstehen,
ist es besonders schön!
Dann empfindet man auch
in der Weihnachtszeit keine Einsamkeit.
Dennoch soll es Menschen geben,
die fühlen sich immer allein.
Auch wenn sie von Freunden umgeben,
können sie nicht ganz glücklich sein!
Wenn nichts da ist, was verbindet,
gibt es auch keinen Weg,
auf dem man zueinander findet.
Darum kümmere dich!
Verschenke Liebe jederzeit!
Aber – bitte – nicht nur in der Weihnachtszeit!

Silvester / Alles Gute zum neuen Jahr!

Das Neue Jahr beginnt – mach dich bereit!
Es kommt jetzt eine noch bessere Zeit!
Was auch wird, du musst ihr nur vertrauen
und immer voll Zuversicht in die Zukunft schauen!

Schnell läuft die Zeit!

Auch zu singen nach der Melodie: »Alle Jahre wieder«

Schnell wie alle Jahre läuft auch unsre Zeit!
Niemand kann sie halten. – Komm, mach dich bereit.

Schön wie alle Tage, so schön ist jede Stund.
Keiner sollte klagen, wenn dazu kein Grund.

Hast du gute Freunde, die dir zur Seite steh'n,
reich ihnen beide Hände, dann kann dir nichts gescheh'n!

Lasst uns miteinander – auch im neuen Jahr –
gute Freunde bleiben. – Das wär wunderbar!

Niemals lass dir rauben die Hoffnung auf das Glück.
Gott schenkt dir den Glauben. – Er lenkt dein Geschick!

So lasst uns zusammen in die Zukunft schau'n.
Auch in schweren Zeiten und mit Gottvertrau'n!

Solange wir uns lieben und zueinander steh'n,
wird auch Glück und Frieden niemals von uns geh'n!

Richtet drum voll Hoffnung vorwärts nur den Blick,
vergesst die kleinen Sorgen – schaut nicht mehr zurück!

Lasst uns nun begrüßen ein schönes neues Jahr!
Wir wären schon zufrieden, wenns wird, wie's alte war!

Zum Ausklang des Weihnachtsfestes

Nun klingen aus die schönen Weihnachtstage.
Das Neue Jahr tritt ein!
Für jeden stellt sich dann die Frage,
ob es wohl im nächsten Jahr wird wieder so sein?
War es nicht gut, so möchten wir wissen, woran es gelegen hat.
Nur nicht verzweifeln, auch dafür gibts einen guten Rat:

Das, was zum Besseren führt, musst du riskieren
und darfst auf keinen Fall den Mut verlieren.
Du möchtest dich doch schon auf das nächste Fest freu'n!
Bestimmt wird es noch schöner sein!

Jahre vergehen!

Auch zu singen nach der Melodie:
»Weißt du, wie viel Sternlein stehen?«

Weißt du, wie viel Sternlein stehen
an dem großen Himmelszelt?
Und wie schnell die Jahr' vergehen
mit dem Frieden dieser Welt?
Gott, der Herr, hat sie gezählet,
dass ihm auch nicht eines fehlet
an der ganzen, großen Zahl,
an der ganzen großen Zahl.

Denkst du noch an all die Jahre,
an die Jahre voller Glück?
Drum im Herzen sie bewahre,
denn sie kommen nicht zurück!
Was das Schicksal dir wird geben,
was es dir hat zugedacht,
such das Schönste raus im Leben,
was dich wirklich glücklich macht

Drum nimm hin, was dir beschieden,
und mach stets das Beste draus!
Sei bescheiden und zufrieden,
flieg nicht zu den Sternen rauf.
Nimm dein Schicksal in die Hände
– es kommt doch, wie's kommen muss.
Halt es fest, dass sichs nicht wende!
Dem neuen Jahr gilt unser Gruß!

Wir danken für Abdruckgenehmigungen:

C. Bertelsmann Verlag, München © 1961: James Krüss: Der wohltemperierte Leierkasten, S. 63 und S. 102.
Fackelträger Verlag Oldenburg: Das große Heinz Erhardt Buch, S. 9, S. 88 und S. 106.
Falken Verlag GmbH & Co., Niedernhausen/Ts.: Bruno H. Bull: Glückwünsche und Festgedichte, 2. Aufl. 1998, S. 22 und S. 53.
Hans Scheibner, Hamburg, S. 14/15, S. 40/41, S. 59 und S. 62.
Herder Verlag Freiburg i. Br., Heilwig von der Mehden: Alles in schönster Unordnung, 1986, S. 96–98.
Husum Druck- und Verlagsgesellschaft, Husum, © 1983: Hilda Kühl: 'n bunten Wiehnachtsteller, S. 75.
Otto Müller Verlag Salzburg: Karl Heinrich Waggerl: Das ist die stillste Zeit im Jahr, 1956, S. 26–28.
Quickborn Verlag Hamburg: Rudolf Kinau, Mien Wihnachtsbook, 1959, S. 66–69.
Verlag Friedrich Oetinger: James Krüss: Die Weihnachtsmaus, S. 93/94.